Die Debatte um US-Mittelstreckenraketen in Deutschland

AF177469

Reihe
WIFIS-aktuell

herausgegeben von

WIFIS – Wissenschaftliches Forum für
Internationale Sicherheit e.V., vertreten durch

Prof. Dr. Johannes Varwick, Martin-Luther-
Universität Halle-Wittenberg

Band 79

Johannes Varwick (Hrsg.)

Die Debatte um US-Mittelstreckenraketen in Deutschland

Sicherheitspolitische Weichenstellungen der Jahre 2024/2025

Verlag Barbara Budrich
Opladen • Berlin • Toronto 2025

Bibliografische Information der Deutschen Nationalbibliothek
Die Deutsche Nationalbibliothek verzeichnet diese Publikation in der Deutschen
Nationalbibliografie; detaillierte bibliografische Daten sind im Internet über
https://portal.dnb.de abrufbar.

Gedruckt auf FSC®-zertifiziertem Papier, CO2-kompensierte Produktion. Mehr
Informationen unter https://budrich.de/nachhaltigkeit/. Printed in Europe.

© 2025 Verlag Barbara Budrich GmbH, Opladen, Berlin & Toronto
Stauffenbergstr. 7 | D-51379 Leverkusen | info@budrich.de | www.budrich.de

ISBN   978-3-8474-3130-5 (Paperback)
eISBN   978-3-8474-3265-4 (PDF)
DOI   10.3224/84743130

Umschlaggestaltung: Walburga Fichtner, Köln
Satz: Angelika Schulz, Zülpich
Druck: Libri Plureos, Hamburg

Vorwort

Johannes Varwick

Die Entscheidung zur Stationierung von US-Mittelstreckenraketen ist eine der folgenreichsten sicherheitspolitischen Entscheidungen seit Jahren und zeigt, wie grundlegend sich die sicherheitspolitische Lage und die deutsche Rolle in der Sicherheitspolitik in der „Zeitenwende" verändert haben. Sie wird von der Bundesregierung als notwendige Reaktion auf russische Bedrohungen sowie als erforderliches Schließen einer Fähigkeitslücke bei landgestützten Mittelstreckenraketen gewertet. Andere sehen diese Fähigkeitslücke nicht und befürchten, dass damit Risiken erhöht, das strategische Gleichgewicht verändert, Rüstungskontrolle erschwert und die Konfrontation zwischen der NATO und Russland verschärft wird. Es wird mithin sehr kontrovers diskutiert, welche strategischen und rüstungskontrollpolitischen Implikationen aus dieser Entscheidung resultieren und ob damit die Sicherheitslage verbessert oder verschlechtert wird.

Dieses WIFIS-Aktuell versammelt kontroverse Positionen von ausgewiesenen Experten zu diesem Thema – und soll damit zur Versachlichung der Debatte beitragen. Es hat auch zum Ziel, informierter, gehaltvoller und streitbarer über sicherheitspolitische Fragen sowie die Hintergründe von Rüstung und Rüstungskontrolle zu diskutieren.

Zunächst wird die Stationierungsentscheidung vom Juli 2024 und dann das begründende Schreiben der parlamentarischen Staatssekretäre aus Auswärtigem Amt und Verteidigungsministerium – *Siemtje Möller* und *Tobias Lindner* – an die Vorsitzenden des Verteidigungsausschusses des Deutschen Bundestags im Wortlaut abgedruckt. *Wolfgang Richter* ordnet die Entscheidung dann hinsichtlich ihrer militärischen, technischen und militärpolitischen Konsequenzen ein und nimmt eine sehr kritische Position dazu ein. *Joachim Krause* stellt die Gegenposition dar und befürwortet die Stationierungsentscheidung nachdrücklich. *Michael Staack* ordnet die Entscheidung in US-amerikanische strategische Vorstellungen ein und nimmt ebenfalls eine kritische Position ein. *Hans-Peter Bartels* und *Rainer Glatz* bewerten die Konsequenzen für die sicherheitspolitische Lage und die Bundeswehr und befürworten die Entscheidung. *Oscar Prust* analysiert Rolle und Möglichkeiten des Deutschen Bundestages, auf diese Entscheidung Einfluss zu nehmen. Abschließend nehmen die für Sicherheits- und Verteidigungspolitik der im Bundestag vertretenden Parteien – *Wolfgang Hellmich* für die SPD, *Florian Hahn* für die CDU/CSU, *Alexander Müller* für die FDP, *Rüdiger Lucassen* für die AfD, *Dietmar Bartsch* für die LINKE und *Żaklin Nastić* für das BSW in kurzen Statements zu der Entscheidung Stellung. Lediglich die Vertreter von Bündnis 90/Die Grünen waren nicht für eine Stellungnahme zu gewinnen.

Inhaltsverzeichnis

Stationierungserklärung im Wortlaut

Gemeinsame Erklärung der Regierungen der Vereinigten Staaten von Amerika und der Bundesrepublik Deutschland zur Stationierung weitreichender Waffensysteme in Deutschland vom 10.07.2024

Die Vereinigten Staaten von Amerika werden, beginnend 2026, als Teil der Planung zu deren künftiger dauerhafter Stationierung, zeitweilig weitreichende Waffensysteme ihrer Multi-Domain Task Force in Deutschland stationieren. Diese konventionellen Einheiten werden bei voller Entwicklung SM-6, Tomahawks und derzeit in Entwicklung befindliche hypersonische Waffen umfassen. Diese werden über deutlich größere Reichweite als die derzeitigen landgestützten Systeme in Europa verfügen. Die Beübung dieser fortgeschrittenen Fähigkeiten verdeutlichen die Verpflichtung der Vereinigten Staaten von Amerika zur NATO sowie ihren Beitrag zur integrierten europäischen Abschreckung.

Quelle

https://www.bundesregierung.de/resource/blob/975226/2298418/3505cf65bba4144bf
b2c076c953b2d05/2024-07-10-gemeinsame-erklaerung-usa-ger-nato-gipfel-data.pdf?
download=1

Wortlaut des Schreibens der Staatssekretäre des Auswärtigen Amts und des Verteidigungsministeriums vom 19.07.2024

Sehr geehrte Vorsitzende, sehr geehrte Kolleginnen und Kollegen,

mit diesem Schreiben möchten wir Sie über den Hintergrund der jüngsten gemeinsamen Erklärung der Regierungen der Vereinigten Staaten von Amerika und der Bundesrepublik Deutschland zur Stationierung weitreichender konventioneller Waffensysteme in Deutschland informieren.

Russland hat in den vergangenen Jahren massiv im Bereich weitreichender Raketen und Marschflugkörper aufgerüstet. Das umfasst sowohl konventionelle, als auch nuklearfähige (dual-use) und nukleare Systeme. Diese Aufrüstung hat die Bundesregierung mehrfach auch öffentlich thematisiert und Russland zu einer Umkehr von diesen eskalatorischen Maßnahmen aufgefordert. Die Aufrüstung durch landgestützte Flugkörper mittlerer Reichweite wurde von Russland dabei unter Bruch des INF-Vertrags (Intermediate Nuclear Forces Treaty / deutsch: Vertrag über nukleare Mittelstreckensysteme) vorangetrieben, was zum Ende des INF-Vertrags geführt hat. In den letzten Jahren hat Russland diese Aktivitäten noch einmal beträchtlich beschleunigt. Wir beobachten, dass Art und Umfang der massiven russischen Aufrüstung auch über den russischen Angriffskrieg gegen die Ukraine hinaus zur Aufstellung und Stärkung von gegen den Westen gerichteten Fähigkeiten und Kapazitäten genutzt werden. Mit diesen Waffen bedroht Russland die Länder Europas und hat zu verschiedenen Anlässen auch Drohungen ausgesprochen.

Die durch Russland bereits erfolgte Stationierung von bis weit nach Westeuropa reichenden, auch nuklear bestückbaren Flugkörpern sowie vorhandene multidimensionale Fähigkeiten und der russische Versuch, die Ukraine durch einen Angriffskrieg zu unterwerfen, bringen eine erheblich veränderte Bedrohungslage mit sich. Vor dem Hintergrund dieser Bedrohungslage hat die Bundesregierung 2023 in der Nationalen Sicherheitsstrategie angekündigt, die Luftverteidigung in Europa grundlegend zu verstärken und abstandsfähige Präzisionswaffen zu entwickeln und einzuführen.

Diese Ziele wurden von Bundeskanzler Olaf Scholz in seiner Rede bei der Münchner Sicherheitskonferenz im Februar 2024 erneut bekräftigt. Eine entsprechende multinationale Initiative („European Long Range Strike Approach"/ELSA) wurde am Rande des NATO- Gipfels in Washington, D.C. von den Verteidigungsministern Deutschlands, Frankreichs, Italiens und Polens gezeichnet. Weitere Nationen haben ihr Interesse an der Initiative bekundet. Der grundlegenden Verstärkung der Luftverteidigung in Europa dient auch die von der Bundesregierung im August 2022 lancierte European Sky Shield Initiative (ESSI).

Auch die nun angekündigte, zunächst phasenweise Stationierung weitreichender konventioneller US-Waffensysteme in Deutschland dient dem von der Bundesregierung gesetzten Ziel der Stärkung der Abschreckung und Verteidigung in Reaktion auf die von Russland ausgehende Bedrohung. Mit der Stationierung weitreichender konventioneller US-Waffensysteme in Deutschland bekräftigen die US-amerikanische Regierung und die Bundesregierung gemeinsam erneut die Bedeutung der transatlantischen Partnerschaft für die Verteidigung Europas. Diese Systeme tragen zu einer effektiven und glaubwürdigen Abschreckung und zum Schutz Deutschlands und seiner Verbündeten bei.

Konkret ist beabsichtigt, dass die USA bestimmte Einheiten (Multi-Domain Task Force) in Deutschland ab 2026 mit weitreichenden konventionellen Waffensystemen ausstatten werden. Diese Stationierung soll zunächst zeitweise und im Rahmen von Übungen als Teil der Vorbereitung einer dauerhaften Stationierung erfolgen. Diese Waffensysteme werden über eine deutlich größere Reichweite als die derzeitigen landgestützten Systeme in Europa verfügen. Dies bedeutet eine erhebliche Steigerung der notwendigen Fähigkeiten in Europa. Die USA beabsichtigen die Verlegung mehrerer Systeme. Hierzu gehören Tomahawk- Marschflugkörper, SM-6-Raketen sowie Systeme, die sich mit mehrfacher Schallgeschwindigkeit (Hyperschall) bewegen können. Genaue Zahlen, Zusammensetzungen und Stationierungsorte sind derzeit noch in der Planung.

Bei all dem bleibt die Bundesregierung in ihrer Sicherheits- und Verteidigungspolitik dem Erhalt und der Weiterentwicklung der globalen Rüstungskontrollarchitektur sowie der Reduzierung von Risiken und der Prävention von Eskalation verpflichtet.

Die Bundesregierung hat, zusammen mit den europäischen und amerikanischen Verbündeten, Russland in den vergangenen Jahren mehrfach aufgefordert, keine Mittelstreckensysteme zu entwickeln und zu stationieren und ihre Gesprächsbereitschaft signalisiert. Seitdem hat Russland weitere bodengestützte Mittelstreckensysteme entwickelt und nutzt einige davon in der Ukraine. Russland ist bis heute nicht bereit, diese Systeme abzurüsten und bedroht Europa durch Waffen dieser Art.

Effektive und verifizierbare Rüstungskontrolle, Nichtverbreitung und Abrüstung tragen komplementär zu Abschreckung und Verteidigung zur Sicherheit Deutschlands und seiner Verbündeten bei. Die NATO bekennt sich zudem weiterhin dazu, Kommunikationskanäle mit Moskau aufrechtzuerhalten, um Risiken einzudämmen und Eskalation vorzubeugen, so zuletzt auch in der Erklärung des NATO-Gipfels in Washington, D.C. dargelegt. Wir werden Sie über die weiteren Entwicklungen informiert halten. Für Fragen stehen wir Ihnen gerne zur Verfügung.

MdB Siemtje Möller, Parlamentarische Staatssekretärin im Bundesministerium der Verteidigung und
MdB Dr. Tobias Lindner, Staatsminister im Auswärtigen Amt

Quelle

Deutscher Bundestag, Ausschussdrucksache Verteidigungsausschuss 20(12)830 vom 22.07.2024

Stationierung von U.S. Mittelstreckensystemen in Deutschland

Konzeptioneller Hintergrund und Folgen für die europäische Sicherheit[1]

Wolfgang Richter

Am 10. Juli 2024 haben die USA und Deutschland am Rande des NATO-Gipfels in Washington in einer bilateralen Erklärung angekündigt, ab 2026 landgestützte Raketen (*Long-Range Fires/LRF*) als Teil ihrer *Multi-Domain Task Force* in Deutschland zu stationieren. Dies soll zunächst temporär, dann dauerhaft geschehen. Dabei handelt es sich um *Tomahawk* Marschflugkörper, neu entwickelte ballistische Hyperschallraketen (*long-range hypersonic weapons*/LRHW) sowie Standardraketen des Typs SM-6, die neben Luft- auch Bodenziele bekämpfen können. Ihre Reichweiten würden erheblich über den bisher in Europa stationierten landgestützten Raketen liegen.[2]

Die Erklärung ergänzt, dass die USA mit der LRF-Stationierung ihre NATO-Verpflichtungen und ihren Beitrag zur integrierten europäischen Abschreckung demonstrieren. Sollte Donald Trump die Präsidentschaftswahl im November 2024 gewinnen, dürfte er sich davon allerdings nicht beeindrucken lassen. Im Übrigen erläutert die Erklärung jedoch nicht den konzeptionellen Zweck der Stationierung, also die Bedrohung, der begegnet werden soll, die geplante Zahl und die Reichweiten der Raketen oder die strategischen und

---

1   Die folgenden Ausführungen fußen auf einer Analyse des Autors vom Juli 2024 und dehnen sie auf die nachträglichen nationalen Erläuterungen der Stationierungsentscheidung aus. Vgl. Wolfgang Richter: Stationierung von U.S. Mittelstreckenraketen in Deutschland. Konzeptioneller Hintergrund und Folgen für die europäische Sicherheit. Friedrich-Ebert-Stiftung, Regionalbüro Wien, Juli 2024.
2   The White House. Joint Statement from the United States and Germany on Long-Range Fires Deployment in Germany. 10 Juni 2024, in: https://www.whitehouse.gov/briefing-room/statements-releases/2024/07/10/joint-statement-from-united-states-and-germany-on-long-range-fires-deployment-in-germany/.

rüstungskontrollpolitischen Implikationen, die sich daraus ergeben. Auch die bisher verfügbaren Fähigkeiten der NATO in Europa werden nicht bewertet, aus denen sich gegebenenfalls Fähigkeitslücken ableiten ließen.

Nach offen zugänglichen Daten betragen die Maximalreichweiten bei SM-6 Raketen 370 km gegen Luft- und 460 km gegen Bodenziele (auch 740 km–1.600 km werden genannt); bei *Tomahawk* Marschflugkörpern etwa 1.700 km (nach einigen Quellen bis zu 2.500 km); bei LRHW ca. 2.800 bis über 3.000 km.[3]

Landgestützte Raketen mit Reichweiten zwischen 500 km und 5.500 km waren bis 2019 durch den amerikanisch-sowjetischen Vertrag über Mittelstreckenraketen von 1987 (INF-Vertrag) verboten. Mit dem Stationierungsbeschluss vom 10. Juli 2024 wird erstmals seit 1988 wieder russisches Territorium von deutschem Boden aus mit Mittelstreckenraketen der USA unmittelbar bedroht. Dies verändert zumindest in der Perzeption Moskaus das strategische Gleichgewicht. Es hat bereits eine Gegenstationierung von Mittelstreckenraketen angekündigt und macht keinen Hehl daraus, welche Ziele im Falle eines Konflikts vorrangig ausgeschaltet werden müssten. Damit verschärft sich die politische und militärische Konfrontation zwischen der NATO und Russland. Deutschlands Sicherheit wird einer weiteren Bedrohung ausgesetzt, ohne dass die Risiken der bilateralen Entscheidung sichtbar von anderen Bündnispartnern mitgetragen werden. Im Bündniskommuniqué von Washington wird sie nicht erwähnt.[4]

Die LRF-Stationierung in Deutschland reduziert auch signifikant die Chancen auf eine Wiederbelebung der nuklearen und konventionellen Rüstungskontrolle in Europa. Denn nicht nur der russische Vorschlag eines INF-Moratoriums ist somit vom Tisch; sondern als Folge davon schwindet auch die ohnehin schon geringe Aussicht, formelle bilaterale Gespräche über die strategische Stabilität wiederaufzunehmen. Dies wäre die Voraussetzung dafür, dass die USA und Russland einen neuen Vertrag zur Begrenzung strategischer Nuklearwaffen verhandeln oder zumindest den New START-Vertrag verlängern. Wenn er ohne eine flankierende Verständigung Anfang 2026 außer Kraft tritt, gäbe es keine rechtsverbindliche Einhegung eines nuklearen Wettrüstens mehr.

---

3   Quellen dazu in Wolfgang Richter, Stationierung von U.S. Mittelstreckenraketen in Deutschland. a.a.O., S. 3 f.
4   NATO. Washington Summit Declaration issued by the NATO Heads of State and Government participating in the meeting of the North Atlantic Council in Washington, D.C., 10 July 2024. Press Release 2024 001, last updated 15 July 2024, no. 7, 8, 31, in: https://www.nato.int/cps/en/natohq/official_texts_227678.htm?selectedLocale=en.

Die geplante Raketenstationierung hat somit das Potenzial, die Sicherheitslage Europas und vor allem Deutschlands nachteilig zu verändern. Dass die Entscheidung im Vorfeld nicht im Bundestag und in der deutschen Öffentlichkeit diskutiert worden ist, sondern durch eine dürre exekutive Mitteilung als vollendete Tatsache verkündet wurde, ist angesichts ihrer Tragweite befremdlich. Zwar wurden im Nachgang einige nationale Erläuterungen ergänzt, doch bleiben eine Reihe konzeptioneller, militärstrategischer, bündnis- und rüstungskontrollpolitischer Fragen offen. Sie sollen hier erörtert werden.

Bundeskanzler Olaf Scholz und Bundesverteidigungsminister Boris Pistorius haben unmittelbar nach dem deutsch-amerikanischen Statement öffentlich erläutert, dass angesichts der russischen Bedrohung „Fähigkeitslücken" bei „Abstandswaffen" geschlossen werden müssten. Die Abschreckung müsse gestärkt und russische Angriffe aus einem „sicheren Hinterland" von vornherein verhindert werden, um einen „Krieg zu verhindern". Es handle sich um eine Übergangsmaßnahme, bis entsprechende europäische Fähigkeiten entwickelt würden.[5] Von einer „Übergangsmaßnahme" ist in der deutsch-amerikanischen Erklärung allerdings nicht die Rede, sondern von der Planung, künftig die zunächst temporäre Stationierung in eine dauerhafte umzuwandeln.

In weiteren Erläuterungen der Staatssekretärsebene des Auswärtigen Amtes und des Bundesministeriums der Verteidigung sowie des SPD-Präsidiums[6] und in ergänzenden politikwissenschaftlichen Bewertungen zeichnen sich folgende Argumentationslinien ab, um den Stationierungsbeschluss zu rechtfertigen:

1. Russland müsse vor einem Angriff auf NATO-Staaten in Europa abgeschreckt werden. Die Fähigkeit dazu könne es in wenigen Jahren erzielen.
2. Dazu gelte es, eine Fähigkeitslücke zu schließen. Es müsse die Fähigkeit bestehen, russische Führungszentren, Truppen, Flughäfen und Logistikeinrichtungen weit im russischen Hinterland auszuschalten und vor allem russische Raketenbasen zu zerstören, *bevor* sie ihre Raketen starten können.
3. Das strategische Gleichgewicht werde durch die LRF-Stationierung gleichwohl nicht gefährdet, zumal es sich nicht um nukleare Trägersysteme handle.

---

5   Olaf Scholz, Boris Pistorius in ARD, Tagesschau und Tagesthemen, ZDF-heute und heute journal am 11.07.2024.
6   Sozialdemokratische Partei Deutschlands. Beschluss des SPD-Präsidiums vom 12.08.2024: „Wir organisieren Sicherheit für Deutschland und Europa".

4. Die gegenwärtige Führung Russlands sei kein glaubwürdiger Verhand-
    lungspartner für neue Rüstungskontrollinitiativen. Sie habe alle Verträge
    gebrochen und die Rüstungskontrolle systematisch zerstört. Die LRF-Sta-
    tionierung sei eine überfällige Reaktion des Westens. Für Rüstungskon-
    trolle sei man zu einem späteren Zeitpunkt jedoch weiterhin offen.

Abschreckung oder Präemptionsdruck?

Trotz langsamer, aber stetiger taktischer Fortschritte im Donbas ist Russland
auch nach 31 Monaten Krieg (September 2024) nicht in der Lage, die ukrainische Armee entscheidend zu schlagen, geschweige denn die Ukraine insgesamt unter militärische Kontrolle zu bringen. Moskaus militärische Ziele sind
begrenzt, richten sich auf die Kontrolle des Donbas und der Krim sowie die
Verhinderung des NATO-Beitritts der Ukraine. Lange glaubte man im Westen sogar, Russland könne durch die Doppelstrategie von Wirtschaftssanktio-
nen und Waffenlieferungen an Kiew strategisch in die Knie gezwungen werden. Jedoch ist ein Kriegsende derzeit nicht absehbar.

Dass Russland gleichwohl die Absicht und die militärischen Fähigkeiten
habe, durch einen Angriff auf europäische NATO-Staaten einen Krieg mit
dem weit überlegenen und stärksten Militärbündnis der Welt und mit drei
Atommächten zu riskieren, ist eine kaum nachvollziehbare Hypothese. Die
russische Führung hat diese Absicht nie geäußert. Moskau müsste früh atomar eskalieren, um seine konventionelle Unterlegenheit auszugleichen. Aber
angesichts der nuklearen Reaktionsfähigkeit der NATO könnte es auch dann
nicht hoffen, einen „militärischen Sieg" zu erringen. Vielmehr würde selbst
eine begrenzte nukleare Eskalation Europa und auch Russland in die Kata-
strophe stürzen.

Die russische Nukleardoktrin sieht eine nukleare Eskalation als Reaktion
auf einen Angriff mit Massenvernichtungswaffen gegen Russland vor oder
für den Fall, dass ein konventioneller Angriff die Existenz Russlands und
seine vitalen Sicherheitsinteressen bedroht wie etwa die nachhaltige Zerstörung seiner Verteidigungsfähigkeit. Moskau hat 2023 mit einer nuklearen
Teilhabevereinbarung demonstriert, dass die erweiterte Abschreckung den
Unionsstaat Belarus einschließt. Dass die Atommächte einen direkten atomaren Schlagabtausch gegeneinander vermeiden müssen, um ihr staatliches
Überleben nicht zu gefährden, schließt den Einsatz „taktischer" Atomwaffen
in einer extremen Bedrohungslage nicht aus. Dies hätte vor allem für die
Nicht-Nuklearstaaten Europas existenzbedrohende Folgen. Kriegsverhinde-
rung bleibt somit eine zentrale Aufgabe.

Unbestreitbar muss die NATO weiterhin zur Abschreckung in der Lage sein. Sie braucht die notwendigen Fähigkeiten, um einen Krieg zu verhindern und die Bündnispartner wirksam zu schützen. Für eine glaubwürdige, defensiv orientierte Abschreckung ist jedoch die öffentlich erklärte Absicht, die mit der Stationierung verfolgt wird, nicht der alleinige Maßstab. Vielmehr kommt es auf die Perzeption des potenziellen Gegners an, der abgeschreckt werden soll. Abschreckung ist dann wirksam, wenn die eigenen Fähigkeiten im Einklang mit den erklärten Absichten stehen und wenn sie plausibel begründet und kommuniziert werden. Sie sollen den potenziellen Gegner davon überzeugen, dass ein militärischer Angriff keinen Erfolg hätte und dass die möglichen Gewinne, die er durch einen Angriff zu erreichen hoffen könnte, in keinem vernünftigen Verhältnis zu den Risiken stehen, die er dabei in Kauf nehmen müsste.

Dabei wird vorausgesetzt, dass der Gegner rational handelt und dass er das Handeln der Allianz als defensiven Akt begreift. Schon der Harmel-Bericht der NATO von 1967 erkannte, dass die Abschreckungsdispositive keine strategische Bedrohung darstellen und keinen ungebremsten Rüstungswettlauf auslösen dürfen, um die Lage nicht weiter zu destabilisieren und die Eskalationsgefahr nicht zu erhöhen. Daher müssen sie durch die erklärte Bereitschaft zum Dialog flankiert werden, der Wege aus der Konfrontation aufzeigt, um eine Eskalation zu vermeiden. Davon ist in der bilateralen Stationierungsentscheidung vom 10. Juli 2024 aber nicht die Rede.

Sollte der potenzielle Gegner jedoch zum Schluss kommen, dass die eigenen Rüstungs- und Stationierungsentscheidungen den Aufbau von Offensivfähigkeiten bezwecken, die seine Verteidigungsfähigkeit durch präemptive Schläge partiell ausschalten können, so wird die Sicherheitslage instabil. Die Folge ist ein ständiger Alarmzustand, der von *worst case*-Annahmen geprägt ist, das Wettrüsten beschleunigt und zu fatalen Fehleinschätzungen führen kann. Schon kleinere militärische Zwischenfälle können dann eine Eskalation auslösen. In einer sich zuspitzenden Krise wächst der Druck, selbst zuerst präemptiv zu handeln, um potenzielle Gefahren für die eigene Sicherheit abzuwenden.

In den bisherigen Erläuterungen spielt die Perzeption Russlands offenbar keine wesentliche Rolle. Es fehlen Hinweise zur Dialogbereitschaft und konkrete Vorschläge, wie durch reziproke und verifizierte Rüstungskontrolle ein Stationierungswettlauf abgewendet werden kann. Diese konzeptionelle Lücke wird dadurch verschärft, dass nachträgliche Erklärungen sogar dazu beitragen, aus der Sicht Moskaus den Präemptionsdruck zu erhöhen, sollte sich eine Krise zuspitzen. So erläuterte der politische Direktor im Bundesministerium der Verteidigung, dass die LRF-Stationierung in Deutschland bezwecke, russische Raketen zu zerstören, *bevor* sie gestartet werden können.[7] Dafür seien die LRF wegen ihrer hohen Reaktionsfähigkeit und Hyperschallgeschwindigkeit besonders geeignet. Dafür gibt es jedoch nur ein operativ logisches Szenario: Die NATO schießt zuerst.

Politisch mag dies abwegig erscheinen; doch es beschreibt das Fähigkeitsprofil, das mit der LRF-Stationierung angestrebt wird. Und dies dürfte die Botschaft sein, die in Moskau ankommt; denn für beide Seiten gilt, dass die militärischen Fähigkeiten und nicht wandelbare Absichtserklärungen im Mittelpunkt der Bedrohungsperzeptionen stehen. Dies zeigt, dass der Begriff „Abschreckung" im Zusammenhang mit der Stationierung von Hyperschallwaffen in Deutschland schwer in ein plausibles Szenario einzuordnen ist.

In der Lagebeurteilung Moskaus erzwingt die strategische Logik hingegen, solche Waffen zuerst auszuschalten, bevor sie gegen Ziele auf russischem Territorium gestartet werden. Dies erhöht den Präemptionsdruck in einer sich zuspitzenden Krise. Da Russland auch im Falle eines vermeintlichen Verteidigungskrieges seine konventionelle Unterlegenheit zu einem frühen Zeitpunkt nuklear ausgleichen muss, kann auch eine präemptive nukleare Zerstörung der LRF in Deutschland nicht mit letztendlicher Gewissheit ausgeschlossen werden. Dass die Wahrscheinlichkeit eines solchen Szenarios niedrig erscheinen mag, ist angesichts der katastrophalen Folgen einer Fehleinschätzung keine Rechtfertigung. Im Konfliktfall erhöht sich das atomare Risiko Deutschlands, auch wenn der Wahrscheinlichkeitsgrad nicht exakt zu bemessen ist.

Operative Fähigkeitslücke der NATO?

Unbestritten ist, dass die NATO zur Abschreckung etwaiger militärischer Aggressionen über die Fähigkeit verfügen muss, Angriffe nicht nur an den Frontlinien abzuwehren, sondern auch Truppenreserven und ihre Versammlungsräume, Flugplätze, Führungs- und Logistikzentren des Gegners in der Tiefe seines Operationsraums anzugreifen sowie seine Bewegungs- und Versorgungslinien zur Front abzuriegeln. Um die operative Wirksamkeit des eigenen Fähigkeitsdispositivs zu beurteilen, kommt es auf die effektive Zielabdeckung und Durchsetzungsfähigkeit der Waffensysteme in verbundenen Operationen – auch im Vergleich zu den Fähigkeiten des Gegners – an, aber

---

7   Jasper Wieck, Politischer Direktor im BMVg, in: https://www.youtube.com/watch?v=DKdJncyyxYY&t=14s.

nicht darauf, ob sie ihnen nach Zahl und Kategorie spiegelbildlich entsprechen.

Russland verfügt über ein breites Spektrum von *dual use*-fähigen land-, luft- und seegestützten Langstreckensystemen im Kurz- und Mittelstreckenbereich. Sie kommen derzeit im Angriffskrieg gegen die Ukraine zum Einsatz und müssen fortlaufend nachproduziert werden, wie *Iskander*-M/K GLBM und GLCM (Reichweiten bis 500 km, nicht INF-relevant), Iskander Varianten 9M729 mit umstrittenen Reichweiten über 500 km hinaus, von Flugzeugen gestartete Hyperschallraketen Kh-47 *Kinzhal* (500 km) und Marschflugkörper (ALCM) unterschiedlicher strategischer und taktischer Reichweiten, seegestützte Marschflugkörper (SLCM) 3M54/14 *Kalibr* (1.500–2.500 km) u.a.[8]

Die NATO-Partner verfügen in Europa zwar nicht über landgestützte Mittelstreckensysteme, jedoch über ein breites Arsenal von luft- und seegestützten Abstandswaffen mit strategischen und taktischen Reichweiten wie *Storm Shadow*, *Scalp*, *Taurus* ALCM (300 bis >500 km), JASSM/ER AGM 158A/B/C (370–1.000 km), SLCM Tomahawk (1.700–2.500 km) und *Missile de Croisière Naval* (1.000–1.400 km) sowie landgestützte Kurzstreckenraketen ATACMS (bis 300 km), u.a.[9] Mehr als 3.000 solcher Wirkmittel sind derzeit im Bestand vieler Alliierter in Europa, etwa der USA, Großbritanniens, Frankreichs, Deutschlands, Italiens, Spaniens, Polens, der Niederlande, Schwedens, Finnlands, Rumäniens, Griechenlands und demnächst auch der baltischen Staaten (ATACMS).

Zudem müssen weitere operative Faktoren berücksichtigt werden, wie die Zahl, Reichweite und geographische Positionierung der ALCM-/SLCM-Träger (Flugzeuge und Schiffe) und ihre Durchsetzungsfähigkeit gegenüber der gegnerischen Luftverteidigung und Seekriegsführung. Besonders hoch ist

---

8   Zu Waffenausstattungen der russischen Streitkräfte vgl. International Institute for Strategic Studies (IISS), „The Military Balance 2024, Chapter Four Russia and Eurasia", (Routledge) London, 2024 S. 190–207. In: https://www.iiss.org/publica tion/the-military-balance; zu den technischen Daten vgl. Wikipedia: 9K270 Iskander; Kalibr; Air-Launched Cruise Missiles: https://en.wikipedia.org/wiki/9K270_ Iskander, https://en.wikipedia.org/wiki/9K270_Kalibr_(missile_family), https:// en.wikipedia.org/wiki/cruise_missile.

9   Zu Waffenausstattungen europäischer NATO-Streitkräfte vgl. International Institute for Strategic Studies (IISS), „The Military Balance 2024, Chapter Three Europe", aaO., 2024 S. 89, 94, 98, 102, 109, 127, 141, 155; zu den technischen Daten vgl. Wikipedia: AGM-158 JASSM; Storm Shadow; Taurus KEPD 350; MGM-140 ATACMS. In: https://en.wikipedia.org/wiki/AGM-158_JASSM, https://en.wikipedia.org/wiki/Storm_Shadow, https://en.wikipedia.org/wiki/ Taurus_KEPD_350, https://en.wikipedia.org/wiki/MGM-140_ATACMS.

sie bei den Stealth- und SEAD-fähigen Jagdbombern F-35, aber auch bei den deutschen Tornados ECR und vielen anderen qualitativ fortschrittlichen Kampfflugzeugen, die zu verbundenen Luftoperationen in der Lage sind. Auf solchen Fähigkeiten beruht auch die nukleare Teilhabe Deutschlands und anderer Partner sowie die Fähigkeit Frankreichs zu einem „letzten nuklearen Warnschlag" mit substrategischen Waffen (ASMP-A/-R). Bestünde hier eine Fähigkeitslücke, wären luftgestützte nukleare Fähigkeiten und die nukleare Teilhabe nutzlos.

Die See- und Luftstreitkräfte der NATO sind denen Russlands weit überlegen. Allein in Europa verfügt die NATO mit etwa 2.200 Kampfflugzeugen[10] über eine deutliche quantitative und qualitative Überlegenheit gegenüber Russland, das zwischen Kaliningrad und Wladiwostok insgesamt auf ca. 1.200 Kampfflugzeuge[11] zurückgreifen kann. Die kumulativen Reichweiten von Marschflugkörpern und durchsetzungsfähigen Kampfflugzeugen erlauben es, eine operative Tiefe von etwa 1.500–2.000 km abzudecken. So wie Iskander-Raketen bei St. Petersburg (Luga, Kamenka) und in Kaliningrad (seit 2016) Ziele in den baltischen Staaten, Finnland, Polen und Deutschland bedrohen können, können umgekehrt Kampfflugzeuge mit ALCM aus west-, mittel- und nordeuropäischen Staaten sowie NATO-Seestreitkräfte auch Ziele in Kaliningrad, St. Petersburg oder Murmansk und weit darüber hinaus angreifen.

Die Annahme, dass gleichwohl eine Fähigkeitslücke besteht, weil die NATO in Europa russische Ziele nur mit SLCM und ALCM und nicht auch mit weitreichenden landgestützten Systemen unter Bedrohung halten kann, überzeugt nicht. In jedem Fall muss aber ein etwaiger Zugewinn an operativen Fähigkeiten durch LRF mit der Erhöhung der Risiken abgewogen werden, welche die strategische Lage Europas und Deutschland verändern wird. Dabei sind folgende Aspekte zu berücksichtigen:

1. Auch bisher konnten die luft- und seegestützten Wirkmittel der NATO ein breites Zielspektrum in Russland mit operativ ausreichender Tiefe abdecken. Doch ließen die notwendigen Vorbereitungsmaßnahmen wie See- und Luftbewegungen Moskau Zeit für die Lagefeststellung und Entscheidungsfindung, auch um taktische von strategischen Angriffen unterscheiden zu können.

2. Ab 2026 werden zum ersten Mal seit 1988 wieder strategische Ziele in der Tiefe Russlands *von Deutschland aus* mit U.S. Langstreckenwaffen von hoher Präzision unter Bedrohung gehalten. Dies schließt Moskau

---

10 Vgl. FN 8.
11 Vgl. FN 9.

ebenso ein wie Basen der strategischen Nuklearstreitkräfte, die kritische Infrastruktur oder das russische Industrie- und Rüstungspotenzial. Landgestützte *Tomahawk*-Marschflugkörper, die im Unterschallbereich fliegen, wären wegen ihrer bodennahen Flugbahnen erst spät von Radaren zu erkennen. Insbesondere der Einsatz von *Dark Eagle* Hyperschallraketen würde wenig Zeit für die Lagefeststellung und Entscheidungsfindung in Moskau lassen. Sie können ihre Ziele in wenigen Minuten erreichen. Startvorbereitungen für strategische LRF-Systeme können verdeckt und kurzfristig in Auflockerungsräumen nahe den Friedensstandorten erfolgen, ohne dass größere operative Bewegungen wie vor dem Einsatz zur See oder in der Luft erkennbar wären. Sie eignen sich daher für Überraschungsangriffe.

3. Moskau wird die neue Bedrohung aus Deutschland nicht als defensive Abschreckung auffassen, sondern als Aufbau der Fähigkeit zum regionalen Überraschungsangriff gegen strategische Ziele und somit als (weitere) Unterminierung des strategischen Gleichgewichts. Zwar war Deutschland wegen seiner Funktion als strategische Drehscheibe der NATO in Europa schon in der Vergangenheit gefährdet; aber hierbei handelt es sich um ein Szenario, in dem von Deutschland aus über einen längeren Zeitraum Kräfte an die NATO-Ostflanke verlegt würden und sich eine Vielzahl mobiler Ziele in fließenden Bewegungen über das ganze östliche Mitteleuropa verteilen. Mit der direkten Bedrohung strategischer Ziele in Russland von deutschem Boden aus wird nun in einem Konfliktfall Deutschland zu einem zentralen, zeitkritischen und vorrangigen Ziel für russische Raketenangriffe.

Dies hat Putins Regierungssprecher Peskov am 11. Juli 2024 bereits angekündigt.[12] Russische Experten gehen davon aus, dass Russland die Raketenproduktion steigern und *dual use*-fähige Langstreckensysteme an der über 2.000 km langen Grenze zur NATO stationieren wird.[13] Damit erhöht sich

---

12 Andrew Osborn, „Russia to counter 'threatening' US deployment of long-range missiles in Germany", July 11, 2024, in: https://www.reuters.com/world/europe/russia-says-it-will-work-military-response-us-long-range-missiles-germany-2024-07-11/.

13 Russische Akademie der Wissenschaften, Moskau, Teilnehmer am Track II-Dialog (online) am 18.07.2024; am 18.07.2024 bestätigt durch Vize-Außenminister Sergey Ryabkov (Die Presse 18.07.2024, online); vgl. auch New York Times: „Russia Vows 'Military Response' to U.S. Missile Deployments in Germany", in: https://www.nytimes.com/2024/07/11/world/europe/us-germany-missiles-russia.html.

das atomare Risiko für Deutschland, während das Territorium der USA von der Bedrohung mit Mittelstreckenraketen nicht betroffen wäre.

Der strategische Kontext: Wahrung des strategischen Gleichgewichts?

Die LRF-Stationierung in Deutschland beeinflusst das strategische Gleichgewicht zwischen den USA und Russland. Traditionell wird es durch vereinbarte quantitative Obergrenzen der „Triade" von Trägersystemen mit interkontinentaler Reichweite (ICBM, SLBM, schwere Bomber) und ihrer dislozierten Nuklearsprengköpfen festgelegt, zuletzt im New START-Vertrag von 2010. Er begrenzt die strategischen Nuklearstreitkräfte beider Seiten auf jeweils 1.550 dislozierte strategische Nuklearsprengköpfe und 700 strategische Trägersysteme (800 unter Einschluss nicht-dislozierter Träger). Der Vertrag wurde 2021 um fünf Jahre verlängert und tritt am 5. Februar 2026 außer Kraft, falls er bis dahin nicht durch einen neuen Vertrag ersetzt oder erneut verlängert wird.

Seit den 1970er-Jahren folgt die Definition des (nuklear-)strategischen Gleichgewichts dem Prinzip der „garantierten gegenseitigen Vernichtungsfähigkeit" („*mutually assured destruction*" - MAD). Es sichert durch qualitative und quantitative Begrenzungen beiden Seiten die Fähigkeit zu, selbst nach einem hypothetischen „Erstschlag" einer Seite noch über ausreichende überlebensfähige Nuklearstreitkräfte zu verfügen, um einen vernichtenden „Zweitschlag" zu führen. Dies soll von einem atomaren Erstschlag abschrecken, der nur das irrationale Präludium zur gegenseitigen Vernichtung bedeuten würde.

Das MAD-Konzept ist ein fragiles Konstrukt denkbarer Optionen. Es zielt darauf, eine strategische Niederlage zu vermeiden, die nach einem Rüstungswettlauf schon als Ergebnis eines Vergleichs der verbliebenen Optionen eintreten könnte, bevor ein atomarer Schlagabtausch tatsächlich erfolgt. Daher beruht das Konzept auf technischen und operativen Bewertungen und muss etwaige Störfaktoren berücksichtigen. Perzeptionen, aber auch akzeptable Kompromisse spielen eine entscheidende Rolle, um die strategische Stabilität zu wahren. Die Beurteilung der militärischen Fähigkeiten steht dabei im Vordergrund; Absichtsbekundungen sind nur dann glaubwürdig, wenn sie im Einklang mit den Fähigkeiten stehen.

Zu den vorrangigen Störfaktoren zählen seit den Ursprüngen der strategischen Rüstungskontrolle (SALT I/II, START, SORT, New START) die Raketenabwehr und weitreichende „vorwärts" dislozierte Angriffssysteme.

Letztere könnten bei günstiger Konfiguration die Wirkung eines „Erst-schlags" verstärken und die Fähigkeit zum „Zweitschlag" reduzieren, während eine wirksame Raketenabwehr die verbliebenen Gegenschlagpotenziale teilweise oder überwiegend abfangen könnte. Eine derartige Entwicklung würde den Gegner strategisch mattsetzen, ohne den jeweiligen START-Vertrag zu verletzen.

Zwar bestehen fachliche Zweifel, ob eine solche Aushebelung des strategischen Gleichgewichts technisch zuverlässig realisierbar wäre; gleichwohl treiben die Akteure solche Fähigkeiten voran und beeinflussen so die Perzeptionen der Gegenseite. Daher war Moskau alarmiert, als der damalige U.S. Präsident George W. Bush 2001 den Vertrag über die Begrenzung der strategischen Raketenabwehr (ABM-Vertrag) kündigte und – in bilateraler Kooperation mit Polen und Tschechien – den Aufbau einer strategischen Raketenabwehr in Europa ankündigte. Gleichzeitig konzipierten die USA ein globales Raketenabwehrsystem, das einige Komponenten auf dem US-Kontinent, aber vor allem globale maritime Fähigkeiten umfasste. Nicht nur Moskau misstraute der Begründung der USA, dass es darum gehe, einen etwaigen Angriff des Iran auf Europa abwehren zu können.

Unter Präsident Barack Obama wurde die Raketenabwehr in Europa modifiziert und einem NATO-Projekt zur Abwehr von Mittelstreckenraketen zugeordnet (*European Phased Adaptive Approach*). Es bestand bis 2024 aus vier *Aegis*-Zerstörern mit Mehrzweckstartgeräten (*Vertical Launch-Systems* (VLS) Mark 41) in Rota, Spanien, die jüngst auf acht Schiffe aufgestockt wurden, aus den landgestützten *Aegis ashore*-Komponenten in Rumänien (Deveselu) und Polen (Redzikowo), einem strategischen Radarkomplex in der Türkei und dem Hauptquartier in Ramstein. Russland befürchtete, dass die *Aegis*-Komplexe nicht nur russische Raketen abfangen, sondern wegen ihrer Fähigkeit, Tomahawk-Raketen zu starten, auch Ziele auf russischem Territorium angreifen könnten.

Vorwärts dislozierte, konventionelle Angriffssysteme mittlerer Reichweite spielen als weiterer Störfaktor für die Stabilität des strategischen Gleichgewichts eine kritische Rolle. Moskau befürchtet, dass die globalen und regionalen *prompt strike*-Konzepte der USA die strategische Stabilität unterminieren könnten. Sie sollen die USA in der Lage versetzen, mit interkontinentalen oder regionalen Langstreckensystemen auch in konventioneller Rolle weltweit strategisch wichtige Ziele auszuschalten und sich in allen Regionen gegen die sog. A2/AD-Fähigkeiten (*anti-access/area denial*) potenzieller Gegner operativ durchzusetzen. Hierbei handelt es sich um weitreichende Raketen- und Luftabwehrpotenziale, die den Zugang zu bestimmten Schlüsselgebieten verwehren können, die für regionale militärische Interventionen und die Verteidigung von Verbündeten bedeutsam sind

(„erweiterte Abschreckung"). In Asien stehen die chinesischen Kurz- und Mittelstreckenraketen um die Straße von Taiwan im Fokus, in Europa die „Suwalki-Enge" zwischen Belarus und der russische Exklave Kaliningrad mit ihren *Iskander* Kurzstreckenraketen, *Bastion* Anti-Schiffsraketen und *S-400* Flug- und Raketenabwehrsystemen. Aus russischer Sicht ist allerdings Kaliningrad, das von NATO-Staaten eingeschlossen ist, selbst schwer zu verteidigen.

Prompt global/regional strike-Fähigkeiten beruhen vor allem auf tieffliegenden Marschflugkörpern und Hyperschallraketen. Sie können aufgrund ihrer Präzision auch mit konventionellen Sprengköpfen Ziele von vitaler Bedeutung – wie etwa nukleare Raketenstellungen, Depots, Frühwarnradare – in der Tiefe des Raumes angreifen und so das Atomwaffenpotenzial eines Gegners reduzieren. Für die nuklearstrategische Gleichung spielen daher konventionelle Angriffsraketen mit ihrer hohen Präzision eine wichtige Rolle.

Der Disparität der geostrategischen Lage der USA und Russlands kommt dabei eine entscheidende Bedeutung zu. Während die USA (mit Ausnahme Alaskas) in ihrer globalen Insellage gegen Angriffe mit Mittelstreckensystemen weitgehend geschützt sind, ist Russland als eurasische Kontinentalmacht von sechs regionalen Atommächten sowie NATO-Staaten mit konventionellen Mittelstreckenpotenzialen umgeben. Die Stationierung zusätzlicher U.S. Mittelstreckenraketen in Europa und Asien bedroht russisches Kernterritorium, während umgekehrt russische Mittelstrecken das Kernterritorium der USA nicht erreichen können, solange sie nicht in Mittelamerika bzw. der Karibik stationiert werden. Dies hat die Sowjetunion 1962 in Kuba versucht. Die USA reagierten prompt und scharf bis zum Rande eines Atomkrieges. Um die Krise beizulegen, zog Moskau die Raketen aus Kuba zurück. Die USA kompensierten dies durch den stillschweigenden Abzug ihrer *Jupiter* Mittelstreckenraketen aus der Türkei und Italien.

Heute bewertet Russland die fortgesetzte NATO-Erweiterung in Osteuropa als „Kuba-Moment", da sie neue Stationierungsräume für weitreichende U.S./NATO-Waffensysteme in seiner geographischen Nähe öffnet. Dies will Moskau verhindern. Weil es der Wahrung des strategischen Gleichgewichts mit den USA absolute Priorität einräumt, tendiert es dazu, die genuinen Sicherheitsinteressen seiner europäischen Nachbarn zu ignorieren, vor allem wenn sie mit den USA Stationierungsvereinbarungen treffen.

Umgekehrt tendieren europäische NATO-Partner dazu, die Sicherheitsinteressen Russlands zu ignorieren, wenn sie den USA Stationierungsräume überlassen, von denen aus Ziele in Russland angegriffen werden können. Dieses Sicherheitsdilemma konnte in den 1990er-Jahren dadurch gelöst werden, dass beide Seiten bereit waren, militärische Zurückhaltung zu wahren und dies durch Rüstungskontrollverträge abzusichern.

Auf den Rückzug der USA aus dem ABM-Abkommen 2002 und den Aufbau der US-Raketenabwehr hat Moskau mit der Einführung neuer, unkonventioneller Waffensysteme interkontinentaler Reichweite reagiert, etwa den nuklear angetriebenen und manövrierfähigen Marschflugkörper *Burevestnik* und das strategische Torpedo *Poseidon*. Sie sollen die amerikanische Raketenabwehr umgehen oder durchdringen, um die strategische Zweitschlagfähigkeit zu sichern. Sie werden vom Definitionsspektrum des New START-Vertrags bisher nicht erfasst. Dagegen werden Hyperschallgleitkörper (HGV) implizit vom New START-Vertrag begrenzt, da sie auf ICBM montiert oder von Langstreckenbombern mitgeführt werden. Sie können auf unsteten Flugbahnen unter dem Horizont einer frühzeitigen Radarerfassung und -verfolgung entgehen und überraschend angreifen.

Beide Seiten sind grundsätzlich bereit, solche *novel weapons*, nicht-dislozierte nukleare Gefechtsköpfe und Weltraumwaffen in künftige Stabilitätsgespräche einzubeziehen. Das Hauptinteresse der USA richtet sich aber auf die Frage, wie künftig das strategische Gleichgewicht mit Russland und China gleichzeitig gewahrt werden kann. China sieht sich weiterhin als „kleine" Atommacht und ist nicht bereit, nukleare Rüstungskontrolle trilateral zu verhandeln. US-Experten beider Parteien haben in einer gemeinsamen Studie für den U.S. Kongress vorgeschlagen, die seit dem New START-Vertrag stillgelegten Kapazitäten von Atom-Ubooten sowie nicht begrenzte Spielräume bei schweren Bombern (*upload capacity*) zu nutzen, um das amerikanische Atompotenzial aufzustocken. Damit würden die Obergrenzen des New START-Vertrags überschritten und er träte 2026 ersatzlos außer Kraft. Rüstungskontrollvereinbarungen sollten demnach zu einem späteren Zeitpunkt neu verhandelt werden, wenn das trilaterale Gleichgewicht gewahrt sei.

Russland will in einer neuen Vereinbarung zum strategischen Gleichgewicht auch die Raketenabwehr der USA erfassen. Dies stößt im US-Kongress traditionell auf Widerstand. Auch die „Upload"-Fähigkeiten der US-Raketenstreitkräfte verfolgt Moskau seit langem mit Misstrauen und verlangt verifizierbare Zusicherungen. Gegen das amerikanische Interesse an einer trilateralen Definition des strategischen Gleichgewichts wendet es ein, dass die NATO mit dem Atompotenzial Frankreichs und Großbritanniens ebenfalls über 500 zusätzliche Atomgefechtsköpfe verfüge, die gegen Russland ins Gewicht fielen, aber bisher keinen Rüstungskontrollvereinbarungen unterliegen.

Der entscheidende Streitpunkt für die Wiederaufnahme neuer formeller Gespräche über die strategische Stabilität ist jedoch die Lieferung weitreichender Waffen durch die USA und ihre Alliierten an die Ukraine. Moskau geht es darum, die Osterweiterung der NATO zu stoppen und die Bedrohung russischen Territoriums durch regionale Langstrecken-systeme und potenzielle Stationierungsräume im geographischen Vorfeld Russlands zu verhindern.

Dagegen möchte Washington die Frage der strategischen Stabilität vom Krieg in der Ukraine, den westlichen Waffenlieferungen und der Frage der NATO-Erweiterung entkoppeln („*compartmentalization*").

Als Reaktion auf den russischen Angriff auf die Ukraine haben die USA Anfang 2022 die formellen strategischen Stabilitätsgespräche mit Russland abgebrochen. Moskau hat nach ukrainischen Angriffen gegen strategische Ziele in Russland 2023 das Informations- und Inspektionsregime des New START-Vertrags suspendiert, jedoch mitgeteilt, sich weiter an die New START-Begrenzungen halten zu wollen. Gleichwohl haben die USA und Russland 2023 und Anfang 2024 informelle vertrauliche Gespräche über Fragen der strategischen Stabilität und ihre Kernelemente geführt. Bisher erwiesen sich der Krieg Russlands gegen die Ukraine und die westlichen Lieferungen von Langstreckenwaffen als unüberwindbare Hindernisse. Gleichwohl äußerten beide Seiten das Interesse, die Gespräche fortzusetzen. Dabei verwiesen die USA darauf, dass sie noch im Januar 2022 das Angebot gemacht hatten, auf die Stationierung von Kampftruppen in der Ukraine zu verzichten und über ein INF-Moratorium für die Stationierung von Mittelstreckenraketen in Europa zu sprechen, sofern dies reziprok verifiziert würde.

Die deutsch-amerikanische Entscheidung, künftig US-Mittelstreckensysteme in Deutschland zu stationieren, dürfte das vorläufige Ende der informellen Stabilitätsgespräche bedeuten. Damit ist nicht nur der Vorschlag eines INF-Moratoriums vorläufig vom Tisch; auch die ohnehin schon geringe Chance, doch noch eine Neuvereinbarung zu erzielen, um die nuklearstrategische Stabilität zu wahren, dürfte nun gegen Null tendieren. Die Schleusen für ein globales nukleares Wettrüsten wären damit geöffnet. Ob diese Entwicklung und ein Stationierungswettlauf bei Mittelstreckenraketen in Europa noch abzuwenden sind, hängt davon ab, ob die noch verbleibende Zeit bis 2026 genutzt wird, um eine neue Verständigung zu erreichen. Dafür gibt es bisher jedoch keine politischen Signale. Bemerkenswert ist es, dass die bisherige deutsche Debatte den komplexen Zusammenhang mit dem strategischen Gleichgewicht bisher nicht erkannt oder schlichtweg ignoriert hat. Gleiches gilt für die weithin unterschätzte Bedeutung der Rüstungskontrolle als Eckpfeiler der Stabilität und Bedingung für die politische Kooperation.

Rüstungskontrolle mit Russland nicht möglich?

Im Unterschied zum Doppelbeschluss von 1979 enthält die bilaterale Stationierungsentscheidung keinen Ansatz für eine rüstungskontrollpolitische Einhegung der Eskalationsgefahren und eines Stationierungswettlaufs mit Russland. Dem wird entgegengehalten, dass die gegenwärtige Führung Russlands kein glaubwürdiger Verhandlungspartner für neue Rüstungskontrollinitiativen sei. Sie habe westliche Angebote abgelehnt, alle Verträge gebrochen und die Rüstungskontrolle systematisch zerstört. Die LRF-Stationierung sei eine überfällige Reaktion des Westens. Für Rüstungskontrolle sei man zu einem späteren Zeitpunkt jedoch weiterhin offen. Diesem Lippenbekenntnis folgen allerdings keine konkreten Initiativen.

Die Darstellung der Erosion der europäischen und globalen Rüstungskontrolle ist historisch unhaltbar. Sicher hat Moskaus unnachgiebige Haltung in der Vertretung eigener Sicherheitsinteressen ihren Anteil an dieser Erosion; doch hat sich Moskau bis in die erste Dekade nach der Jahrtausendwende an die Vereinbarungen der 1990er-Jahre gehalten und seine Verpflichtungen aus den Verträgen über die Reduzierung strategischer Nuklearwaffen (START), die Eliminierung von Mittelstreckensystemen (INF-Vertrag), den Abzug russischer Streitkräfte aus Deutschland (Zwei-plus-Vier-Vertrag) und als Folge davon auch aus ganz Mitteleuropa und den baltischen Staaten ebenso erfüllt wie die aus dem Vertrag über konventionelle Streitkräfte in Europa (KSE-Vertrag).

Vertrag über konventionelle Streitkräfte in Europa (KSE-Vertrag)

Der KSE-Vertrag galt als „Eckpfeiler der europäischen Sicherheit". Er verpflichtete die Vertragsstaaten der NATO und des Warschauer Vertrags, ihre konventionellen Kräfte in Europa abzurüsten, um ein Kräftegleichgewicht auf niedrigerem Niveau zu schaffen und eine kollektive Offensivfähigkeit zu verhindern. Dazu begrenzte er fünf Schlüsselkategorien von Waffensystemen der Land- und Luftstreitkräfte quantitativ und geographisch. Auch nach der Auflösung des Warschauer Paktes und der Sowjetunion hielten die NATO und Russland an diesem Konzept fest, um die Stabilität in Europa zu wahren. Für Moskau kam es darauf an, einen militärischen Zuwachs der NATO zu verhindern und den geographischen Abstand der Streitkräfte zum russischen Territorium zu sichern.[14]

---

14 Detaildarstellung der Entwicklung des KSE-Vertrags und des KSE-Anpassungs-abkommens in: Wolfgang Richter, A Framework for Arms Control. Current Status of and Requirements for Conventional Arms Control in Europe (herausgegeben von Federal Ministry of Defence, Republic of Austria / Austrian Chair of the OSCE Forum for Security Cooperation), October 2021, Vienna, insbes. S. 19–26, 36–47, 62; vgl. auch ders., German Efforts to Halt the Disintegration of Nuclear and Conventional Arms Control, in: Ulrich Kühn (ed.): Germany and Nuclear

Der NATO-Beitritt früherer Warschauer Pakt-Staaten veränderte nicht nur das numerische Kräftegleichgewicht, sondern verkürzte auch die geographische Distanz zu Russland. Auf die Vorbehalte Moskaus reagierte die Allianz 1997 mit dem Versprechen, die strategische Stabilität in Europa zu wahren und zu diesem Zweck den KSE-Vertrag anzupassen, keine zusätzlichen „substantiellen Kampftruppen" dauerhaft zu stationieren, keine Atomwaffen vorwärts zu dislozieren, die bilaterale Sicherheitskooperation zu vertiefen und die OSZE als gemeinsames Sicherheitsdach zu stärken.[15] Dazu sollte ein gemeinsamer OSZE-Sicherheitsraum zwischen Vancouver und Wladiwostok ohne Trennlinien geschaffen werden. Kein Staat und keine Organisation sollten dort versuchen, die eigene Sicherheit zu Lasten der Partner zu erhöhen oder eine Vorrangstellung für die Gestaltung der gesamteuropäischen Sicherheit zu beanspruchen.[16]

Die NATO war sich damals bewusst, dass ihre Erweiterung das Potenzial hatte, die 1990 vereinbarte Sicherheitskooperation zu sprengen und eine neue Krise herbeizuführen. Schon im Zwei-plus-Vier-Vertrag über die deutsche Vereinigung hatten die westlichen Alliierten und Deutschland versprochen, den russischen Truppenabzug nicht dazu auszunutzen, das strategische Gleichgewicht zum Nachteil Russlands zu verändern. Daher verpflichtete sich Deutschland rechtsverbindlich, in den neuen Bundesländern und Berlin keine fremden Truppen und keine Atomwaffen zu stationieren.[17]

Parallel zum NATO-Beitritt Polens, Tschechiens und Ungarns 1999 vereinbarten die 30 KSE-Vertragsstaaten am Rande des OSZE-Gipfels in Istanbul ein Anpassungsabkommen zum KSE-Vertrag (AKSE). Es sah vor, das überholte Blockgleichgewicht durch territoriale Obergrenzen für jeden Vertragsstaat zu ersetzen und so eine destabilisierende Truppenkonzentration in einer fragmentierten Staatenlandschaft zu verhindern. Bemerkenswert ist, dass dieser Ausgleich während einer ernsthaften Verstimmung zwischen der NATO und Russland erfolgte. Die NATO hatte im Kosovokonflikt militärisch gegen Rest-Jugoslawien interveniert, dies mit der humanitären Schutzverantwortung begründet, aber gleichwohl Völkerrecht gebrochen. Umge-

---

Weapons in the 21st Century. Atomic Zeitenwende?, New York, 2024, S. 158–163.

15 NATO/Russian Federation, Founding Act on Mutual Relations, Cooperation and Security between NATO and the Russian Federation, Paris, 27 May 1997, in: https://www.nato.int/cps/en/natolive/official_tetxts_25468.html.

16 OSCE Istanbul Summit 1999, Istanbul Document 1999, I. Charter for European Security, Istanbul 19 November 1999, PCOEW389, January 2000, S. 1–13.

17 Vertrag über die abschließende Regelung in Bezug auf Deutschland, 31. August 1990, in: Bundesgesetzblatt 1990, Teil II vom 13.10.1990, S. 1317–1329, Artikel 3 (2) und 5 (3).

kehrt kritisierte die NATO Russlands exzessives militärisches Vorgehen gegen Aufständische in Tschetschenien. Doch zeigte die Vereinbarung, dass es auch in der Krise möglich war, aufeinander zuzugehen.

Präsident George W. Bush entschied sich allerdings seit 2002 dazu, neuen geopolitischen Ambitionen in Osteuropa und dem Nahen Osten Vorrang zu geben und dafür das OSZE-Sicherheitskonzept und die europäische Rüstungskontrolle auf Spiel zu setzen. Seinen völkerrechtswidrigen Angriffskrieg auf den Irak 2003 betrachteten nicht nur Russland und China, sondern auch Deutschland und Frankreich als Bruch der VN-Charta, des Eckpfeilers der globalen „regelbasierten Ordnung". Unterstützung fand er hingegen bei den neuen mittel- und osteuropäischen NATO-Verbündeten.

Mit ihrer Hilfe verhinderte Bush auch das Inkrafttreten des AKSE, indem er den Rückzug russischer Stationierungs- und Friedenstruppen aus den umstrittenen Territorien Abchasien und Transnistrien zur Bedingung der Ratifikation machte, obwohl das Mandat der Peacekeeper von der OSZE und den VN gebilligt worden war. Der russische Rückzug sollte den Weg für den NATO-Beitritt Georgiens und der Ukraine ebnen. Deutschland und Frankreich warnten vor den Folgen, bleiben aber im NATO-Geleitzug.

Während Russland 2004 den AKSE ratifizierte, wurde die NATO-Erweiterung im gleichen Jahr mit dem Beitritt von sieben ostmitteleuropäischen Staaten fortgesetzt, ohne dass der AKSE in Kraft trat. Das KSE-Kräftegleichgewicht war somit längst ausgehebelt und der KSE-Vertrag dysfunktional geworden. Mit den baltischen Republiken traten zum ersten Mal Staaten der NATO bei, die nicht durch den KSE-Vertrag gebunden waren. Seither unterliegen potenzielle NATO-Stationierungsräume vor St. Petersburg keinen rechtsverbindlichen Begrenzungen. 2007 vereinbarten die USA bilateral, strategische Raketenabwehrkomponenten in Polen und Tschechien zu installieren und in Rumänien und Bulgarien, die der „östlichen KSE-Gruppe" angehörten, Truppen zu stationieren.

Im Dezember 2007 suspendierte Moskau den KSE-Vertrag, verblieb aber in der Gemeinsamen Beratungsgruppe und erklärte, die KSE-Begrenzungen weiter einhalten zu wollen. Mit der Anerkennung der Abspaltung des Kosovo von Serbien im Frühjahr 2008 und dem Bukarester NATO-Gipfel im April 2008 gerieten die NATO-Russland Beziehungen erneut in schwieriges Fahrwasser. Auch innerhalb der NATO zeigten sich in der Frage des NATO-Beitritts der Ukraine und Georgiens deutliche Risse. Die Kompromissformel der Gipfelerklärung blieb ambivalent, Moskau signalisierte seine „roten Linien".

Die Verhandlungen über die Ratifikation des AKSE sind letztlich an den unvereinbaren Positionen der USA und Russlands in der Frage der NATO-Erweiterung und verbliebene lokale Konflikte im post-sowjetischen Raum gescheitert. Daran änderte auch die Reset-Politik von Präsident Obama nichts, die zunächst mit der New START-Vereinbarung von 2010 erfolgreich war. Auf die russische Intervention in der Ukraine nach dem Maidan-Aufstand reagierte der Westen mit Sanktionen und die NATO mit der militärischen Stärkung ihrer Ostflanke gegenüber Russland. Daraufhin suspendierte Moskau 2015 den KSE-Vertrag vollständig und zog sich auch aus der Gemeinsamen Beratungsgruppe zurück. Der AKSE war trotz fortgesetzter NATO-Erweiterung nicht in Kraft getreten. Im Frühjahr 2023 kündigte Moskau formell den KSE-Vertrag. Die Kündigung wurde am 7. November 2023 rechtswirksam. Am gleichen Tag suspendierten auch die NATO-Mitgliedstaaten den KSE-Vertrag für unbestimmte Zeit. Ohne Zweifel hat die Verweigerung der Ratifikation des 1999 vereinbarten AKSE entscheidend dazu beigetragen, den „Eckpfeiler der europäischen Sicherheit" zu zerstören.

Vertrag über den Offenen Himmel (OH-Vertrag)

Der Vertrag über den Offenen Himmel von 1992 erlaubt kooperative Beobachtungsflüge über den Territorien der Mitgliedstaaten, um Verifikation und Vertrauensbildung zu stärken.[18] Nach einer vorläufigen Anwendung trat der OH-Vertrag allerdings erst 2002 in Kraft, nachdem Präsident Putin bisherige russische Bedenken in der Duma überwunden hatte, es handle sich um „legalisierte Spionage". Nach langjähriger erfolgreicher Vertragsanwendung war es Präsident Trump, der 2019 die gleichen Vorbehalte der „Spionage" gegen Russland erhob, um den Vertrag zu kündigen. Zwar führte Washington auch Beschwerde darüber, dass Russland mit einer Flugstreckenbegrenzung über Kaliningrad die Regeln verletzt habe; doch blieb die vollständige Beobachtung der russischen Exklave möglich. Niemand erhob den Vorwurf eines materiellen Vertragsbruchs.

13 europäische Staaten, darunter auch Deutschland und Frankreich, wandten sich daher gegen die Absicht des US-Präsidenten, den OH-Vertrag aufzukündigen. Gleichwohl wurde die Kündigung am 22. November 2020 rechtswirksam. Russland erwog zunächst, die Vertragsimplementierung mit den europäischen Partnern fortzuführen. Zugleich bestand die Hoffnung, die Biden-Administration würde zum Vertrag zurückkehren, zumal sein Team während des Wahlkampfes die Entscheidung von Trump kritisiert hatte.

---

18 Detaillierte Darstellung der Entwicklung des OH-Vertrags in: Wolfgang Richter, A Framework for Arms Control, a.a.O. (FN 14), S. 29–32, 69–72; vgl. auch ders.: German Efforts to Halt the Disintegration of Nuclear and Conventional Arms Control, in: Ulrich Kühn (ed.): Germany and Nuclear Weapons in the 21st Century. Atomic Zeitenwende?, a.a.O., S. 168–172.

Doch im Mai 2021 teilte die US-Regierung mit, dass sie nicht beabsichtige, zum OH-Vertrag zurückzukehren. Daraufhin kündigte Moskau am 7. Juni 2021 ebenfalls den OH-Vertrag, um „auf Augenhöhe" mit den USA zu bleiben. Die russische Kündigung trat am 7. November 2021 in Kraft. Seither hat der Vertrag seinen politischen und operativen Nutzen verloren, auch wenn die verbliebenen 32 Vertragsstaaten formell an ihm festhalten.

Nukleare Nichtverbreitung

Im Bereich der nuklearen Nichtverbreitung hat Russland das Umfassende Testverbotsabkommen (CTBT) am 30. Juni 2000 ratifiziert, obwohl die Ratifikation der USA im Kongress am 13.09.1999 gescheitert war. Für das Inkrafttreten des Vertrags wäre die Ratifikation durch die USA politisch entscheidend gewesen, weil es dann auch für China schwierig geworden wäre, als einziges ständiges Mitglied im Sicherheitsrat seine Ratifikation weiter zu verzögern. Russland hat seine Ratifikation erst im November 2023 zurückgezogen, um sich wieder „auf Augenhöhe" mit den USA zu bewegen.

Auf die Terroranschläge am 11. September 2001 in New York reagierte Präsident Putin mit einer Solidaritätsadresse an Washington. Er öffnete Verkehrswege durch und über Russland für die Militärintervention der NATO in Afghanistan. Gleichwohl zeigte er sich besorgt über den Austritt der USA aus dem ABM-Vertrag und den Aufbau einer globalen Raketenabwehr. Moskau sah darin eine Gefährdung des strategischen Gleichgewichts und bezweifelte die Begründung, dass der Iran in absehbarer Zeit Europa mit nuklearen Mittelstreckenraketen oder gar die USA mit Interkontinentalraketen bedrohen könne.

Der Iran hat bis heute diese Fähigkeiten nicht erreicht. Das *Joint Comprehensive Program of Action* (JCPoA), auf das sich die USA, Russland, China, Frankreich, Großbritannien, Deutschland und der Iran 2015 geeinigt hatten, hegte das iranische Atomprogramm ein. Der Abschluss des JCPoA hätte eine Modifizierung des Raketenabwehrprojekts der NATO gerechtfertigt, da es konzeptionell eine Anpassung an die jeweilige Lageentwicklung vorsah. Es war erneut Präsident Trump, der das JCPoA 2018 kündigte und so die erreichte Einigung wieder in Frage stellte.

Vertrag über nukleare Mittelstreckensysteme (INF-Vertrag)

Im INF-Vertrag von 1987 hatten die USA und die Sowjetunion vereinbart, alle landgestützten Mittelstreckenraketen mit Reichweiten zwischen 500 und 5.500 km samt ihren Startsystemen und ihrer Infrastruktur zu vernichten. Das

Ziel war 1991 erreicht. Die Verifikation endete im Mai 2001. Anfang Februar 2019 kündigte der damalige US-Präsident Donald Trump den Vertrag und begründete dies mit einer Vertragsverletzung Russlands und dem Raketenpotenzial Chinas, das durch den Vertrag nicht gebunden war. Beijing habe eine Vielzahl landgestützter Kurz- und Mittelstreckenraketen an seinen Ostküsten aufgestellt und so die USA regional in eine strategisch nachteilige Position gebracht.

Russland folgte der amerikanischen Vertragskündigung prompt. Der Vertrag trat Anfang August 2019 außer Kraft. Doch machte der russische Präsident Wladimir Putin den Vorschlag, ein Moratorium für die Stationierung solcher Raketen entweder generell oder zumindest in Europa zu wahren. Um die Abwesenheit solcher Systeme zu verifizieren, sollten gegenseitige Inspektionen in Kaliningrad und an den *Aegis ashore* Stationierungsräumen in Polen und Rumänien aufgenommen werden.[19]

Die NATO hat dies mit dem Hinweis abgelehnt, Russland habe bereits das landgestützte 9M729 System stationiert, dessen Reichweite den INF-Vertrag verletze. Die USA hatten die Alliierten darüber informiert, dass ein russischer Raketentest vom Testgelände Kapustin Yar aus mit einer Reichweite von 2.600 km die zulässigen INF-Begrenzungen bei weitem überschritten habe. Zwar sei der Test von einem erlaubten statischen Launcher aus unternommen worden; aber ein zweiter Test mit einer angeblich baugleichen Rakete sei von einem verbotenen beweglichen Launcher erfolgt. Dabei sei die 500 km-Reichweitenbegrenzung des INF-Vertrags nur deshalb nicht überschritten worden, um die Alliierten über die tatsächliche Reichweite zu täuschen.[20]

Russland hat diesen Vorwurf stets bestritten und erklärt, dass es sich bei dem 9M729 System um eine Modifikation des Iskander-Marschflugkörpers handle, welche die INF-Reichweitenbegrenzungen einhalte. Ihre etwas längere Raketenhülle sei damit begründet, dass die Rakete einen schwereren Sprengkopf und ein komplexes Steuerungssystem trage, um der Raketenabwehr der USA ausweichen zu können. Aus der schwereren Standardzuladung folge eine geringere Reichweite des eingeführten Systems.

---

19 President of Russia. "Statement by Vladimir Putin on additional steps to de-escalate the situation in Europe after the termination of the Intermediate-Range Nuclear Forces Treaty (INF-Treaty)", October 26, 2020, in: http://en.kremlin.ru/events/president/news/64270.

20 Congressional Research Service: "Russian Compliance with the Intermediate-Range Nuclear Forces (INF) Treaty: Background and Issues for Congress", February 8, 2019, S. 2 ff., in: https://fas.org/sgp/crs/nuke/R43832.pdf.

Moskau hat seinerseits den USA vorgeworfen, den INF-Vertrag durch die Stationierung des Mk-41 *Vertical Launch Systems* (VLS) für *Aegis ashore*-Stellungen in Deveselu, Rumänien, und Redzikowo, Polen, zu verletzen. Der dort landgestützte Mk-41 Launcher sei mit dem Mk-41 VLS auf *Aegis*-Schiffen baugleich und könne auch zum Start von *Tomahawk*-Raketen benutzt werden, die Russland bedrohen. Die USA und die NATO haben diesen Vorwurf zurückgewiesen und erklärt, dass *Aegis ashore*-Systeme nur der Abwehr der Bedrohung durch iranische Mittelstreckenraketen dienten. Zum Start von *Tomahawk* SLCM seien sie wegen der unterschiedlichen Verkabelung und Programmierung der Mk-41 nicht in der Lage. Für die INF-Frage seien sie irrelevant.[21] Doch erfolgte schon 16 Tage nach dem Ende des INF-Vertrags ein erster Test einer landgestützten *Tomahawk* LACM mit einer Bodenversion des Mk-41 Launchers.[22]

Die INF-Krise wäre prinzipiell lösbar gewesen, wenn dazu der politische Wille bestanden hätte. Beide Vorwürfe hätte man kooperativ durch verifizierbare Datenaustausche und reziproke Inspektionen überprüfen können. Für neue Systeme hätte man die technischen Parameter in Zusatzprotokollen vereinbaren können. Wesentlich wäre dabei gewesen, die Standardausführungen für die in der Truppe eingeführten Modelle festzulegen, d.h. die Standardnutzlast – Sprengkopf, Steuerungssystem, Motor, Hülle und Leitwerk – sowie die dann verbleibende Tankfüllung. Erst daraus resultiert auch laut INF-Vertrag die Reichweite.[23] Danach hätte man die Systeme in den vermutlich vier russischen 9M729-Raketenverbänden beiderseits des Ural regelmäßig inspizieren können.

Erst Anfang 2022 vollzogen die USA einen Kurswechsel: In ihrer Antwort vom Januar 2022 auf die russischen Vertragsvorschläge vom 17. De-

---

21 Vgl. U.S. Department of State, Bureau of Arms Control: "Verification and Compliance Fact Sheet – Refuting Russian Allegations of U.S. Non-Compliance with the INF-Treat", December 8, 2017, in: https://state.gov./t/avc/rls/2017/276360.html.

22 Vgl. Aaron Mehta, "Watch the Pentagon test its first land-based cruise missile in a post-INF Treaty world", August 19, 2019, in: https://www.defensenews.com/pentagon/2019/08/19/pentagon-tests-first-land-based-cruise-missile-in-a-post-inf-treaty-world/.

23 Treaty between the United States of America and the Union of Soviet Socialist Republics on the Elimination of Their Intermediate-Range and Shorter-Range Missiles, signed on December 12, 1987 (in Kraft seit 01.06.1988), Article VII No. 4, in: https://2009-2017.state.gov/t/avc/trty/102360.htm#text.

zember 2021[24] stellten sie reziproke Inspektionen der *Aegis ashore*-Stellungen und eines russischen 9M729-Verbands sowie Verhandlungen über ein Stationierungsmoratorium von Langstreckenwaffen im INF-Reichweitenspektrum in Aussicht.[25] Damit haben sie den Zusammenhang zwischen *Aegis ashore* und dem INF-Vertrag anerkannt.

Zwar hat sich die Lage durch den völkerrechtswidrigen Angriffskrieg Russlands gegen die Ukraine grundsätzlich verändert, doch waren die USA bisher dennoch daran interessiert, die strategische Stabilität zu wahren und vom Krieg in der Ukraine getrennt zu betrachten. Die Stationierungsentscheidung vom 10. Juli 2024 hat den Positionswechsel Washingtons vom Januar 2022 erneut überholt. Zudem hat die Washingtoner Gipfelerklärung vom gleichen Tag die Einsatzbereitschaft der *Aegis ashore*-Stellung in Redzikowo, Polen, mitgeteilt.[26] Sie kann auch SM-6 Raketen verschießen und somit das 200 km entfernte Kaliningrad unter Risiko halten.

Worum es den USA bei der Kündigung des INF-Vertrags tatsächlich ging, hatte der U.S. Sicherheitsberater John Bolton seinem Amtskollegen Nikolai Patruschew am 23. Oktober 2018 bilateral mitgeteilt: Es gehe nicht um Russland. Die USA versuchten vielmehr, die VR China unter Druck zu setzen, ihr formidables Arsenal an landgestützten Mittelstreckenraketen in der Region um das Süd- und Ostchinesische Meer abzubauen und dem INF-Vertrag beizutreten.[27] Auch der damalige Präsident Donald Trump erwähnte die Sicherheit Europas nicht, als er am 20. Oktober 2018 ankündigte, den INF-Vertrag zu verlassen. Vielmehr sei es China, das mit dem Aufbau seines Raketenarsenals die USA in der Region in eine strategisch nachteilige Position gebracht habe. Dass China einen weiteren „ungleichen Vertrag" ablehnen würde, war absehbar. Denn ein Beitritt zum INF-Vertrag hätte nur das

---

24 Treaty between the United States of America and the Russian Federation on security guarantees. Draft. Unofficial translation, Foreign Ministry of the Russian Federation, 17.12.2021, in: https://mid.ru/print/?id=1790818&lang=en.

25 Die klassifizierte Antwort der USA wurde von der spanischen Zeitung „El País" am 02.02.2022 veröffentlicht: Documentos entregados por la OTAN y EE UU en respuesta al tratado que les presentó Rusia el 17 diciembre de 2021, in: https://elpais.com/infografias/2022/02/respuesta_otan/respuesta_otan_eeuu.pdf.

26 NATO. Washington Summit Declaration, a.a.O., No. 8.

27 Aussagen russischer Teilnehmer an Rüstungskontrollworkshops in Oslo, 01.11.2018 und Brüssel, 15.11.2018; vgl. auch Ulrich Kühn: „Diskussion um INF-Vertrag: Geht es eigentlich um China?" FAZ.Net, 16.10.2018, in: https://www.faz.net/aktuell/politik/ausland/diskussion-um-inf-vertrag-geht-es-eigentlich-um-china-15857880.html.

landgestützte Potenzial Chinas eingeschränkt, aber das see- und luftgestützte Arsenal der USA unangetastet gelassen.[28]

Das operative Konzept der U.S. MDTF hat hier ihren Ursprung: Die zunehmende A2/AD-Fähigkeit (*anti-access/area denial*) Beijings sollte durch eine Gegenrüstung in der Region auch mit landgestützten Langstreckenraketen durchbrochen werden. Nach wie vor richtet sich der Schwerpunkt der geplanten MDTF-Dislozierungen auf den westpazifisch-ostasiatischen Raum. Der russische Angriff auf die Ukraine vom Februar 2024 hat auch in Europa die Lage verschärft. Gleichwohl ist festzuhalten, dass das MDTF-Konzept schon unter Präsident Barack Obama entstand und die erste MDTF bereits 2017 aufgestellt wurde, also lange vor dem Ende des INF-Vertrags und dem russischen Angriffskrieg gegen die Ukraine.[29]

Dies wirft die Frage auf, ob die USA seither ohnehin entschlossen waren, das MDTF-Konzept umzusetzen, ganz unabhängig davon, wie sich der Streit um die gegenseitigen Anschuldigungen der USA und Russlands, den INF-Vertrag zu verletzen, weiter entwickeln würde. Letztlich stand der Vertrag dem Entschluss entgegen, mit den MDTFs ein Gegengewicht zu den A2/AD-Fähigkeiten des Hauptgegners China zu bilden.

Schlussfolgerungen

Die bilaterale Erklärung der USA und Deutschlands vom 10. Juli 2024, ab 2026 wieder Mittelstreckenraketen in Deutschland zu stationieren, erläutert weder ihren konzeptionellen Zweck, also die Bedrohung, der begegnet werden soll, noch die strategischen und rüstungskontrollpolitischen Implikationen, die sich daraus ergeben. Die bisher verfügbaren Fähigkeiten der NATO in Europa werden nicht bewertet, aus denen sich gegebenenfalls Fähigkeitslücken ableiten ließen. Den nachträglichen nationalen Erläuterungen ist zu

---

28 Überblick über die INF-Debatte im Frühjahr 2019 bei Wolfgang Richter: „Europa und der INF-Vertrag: Verdammt zur Zuschauerrolle?" in: Aus Politik und Zeitgeschichte „Neues Wettrüsten", 69. Jg. 18–19/2019, 29.04.2019, S. 21–26; vgl. auch ders.: German Efforts to Halt the Disintegration of Nuclear and Conventional Arms Control, in: Ulrich Kühn (ed.): Germany and Nuclear Weapons in the 21st Century. A.a.O., S. 163–168.

29 Details zum MDTF-Konzept in: Wolfgang Richter: Stationierung von U.S. Mittelstreckenraketen in Deutschland. Konzeptioneller Hintergrund und Folgen für die europäische Sicherheit. Friedrich-Ebert-Stiftung, Regionalbüro Wien, Juli 2024, S. 3–6.

entnehmen, dass Russland abgeschreckt und „Fähigkeitslücken" geschlossen werden sollen. So soll die Fähigkeit geschaffen werden, russische Raketen zu zerstören, bevor sie gegen NATO-Europa abgefeuert werden können.

Gleichwohl wird in Abrede gestellt, dass die LRF-Stationierung auf die strategische Stabilität einwirkt. Diese Erläuterungen berücksichtigen nicht, dass es für die Wirksamkeit der Abschreckung auf die Perzeption des Gegners ankommt. Um ihn von der eigenen defensiven Absicht zu überzeugen, muss sie mit den tatsächlich angestrebten Fähigkeiten übereinstimmen und kommuniziert werden, statt den Dialog zu verweigern.

Wenn aber Fähigkeiten geschaffen werden, die sich dafür eignen, strategische Ziele überraschend anzugreifen und so die Verteidigungsfähigkeit des Gegners nachhaltig zu schwächen, dann entsteht in seiner strategischen Logik ein Zwang, dem zuvorzukommen. Die Fähigkeit, russische Raketen zu zerstören, bevor sie abgeschossen werden können, also zuerst zu schießen, ist nicht in ein plausibles politisches Szenario einzuordnen. In der Perzeption Moskaus erzeugt sie jedoch in einer sich zuspitzenden Krise einen Präemptionsdruck, der sich vor allem gegen Deutschland richtet.

Die Annahme, dass trotz der vielfältigen luft- und seegestützten Fähigkeiten der NATO eine Fähigkeitslücke bei landgestützten Mittelstreckenraketen besteht, überzeugt nicht. Auch bisher war es möglich, wichtige operative Ziele in Russland durch verbundene Luftangriffsoperationen abzudecken. Anderenfalls wären die Beschaffung von F-35 Stealth-Bombern (auch) für die Bundeswehr und das Konzept der nuklearen Teilhabe operativ nutzlos und strategisch unglaubwürdig.

Aber selbst, wenn die zusätzliche Fähigkeit strategischer LRF-Systeme zum Überraschungsangriff als operativer Zugewinn betrachtet wird, müssen dagegen die gravierenden Risiken für die Sicherheit Deutschlands und Europas sowie die Folgen für die globale Stabilität abgewogen werden, die mit der Entscheidung verbunden sind. In diesem Kontext wird die komplexe Logik des strategischen Gleichgewichts zwischen den USA und Russland ignoriert.

Während für die USA neuartige russische Trägersysteme und vor allem die erweiterten Fähigkeiten Chinas im Fokus stehen, sind es aus Moskauer Sicht die US-Raketenabwehr und vorgeschobene LRF, die das strategische Gleichgewicht gefährden. Mit der Entscheidung, genau diese Systeme in Deutschland zu stationieren, dürften die ohnehin schmalen Aussichten, die strategischen Stabilitätsgespräche wiederaufzunehmen, gegen Null tendieren. Somit dürfte nicht nur ein Stationierungsmoratorium für INF vom Tisch sein, dass die USA noch im Januar 2022 durchaus für möglich hielten; auch ein Nachfolgeabkommen für New START oder zumindest eine Interimsvereinbarung, um ab 2026 das strategische Gleichgewicht zu wahren, scheint kaum noch erreichbar.

Anders als der Nachrüstungsbeschluss der NATO von 1979 zeigt die bilaterale Erklärung keinen Weg auf, wie die Stationierungsentscheidung durch kooperative Mitwirkung Russlands abgewendet werden kann. Sie verschärft somit ohne Vorbehalt die Konfrontation zwischen Russland und der NATO. Selbst wenn dahinter die Absicht stünde, den strategischen Druck auf Russland zu erhöhen, um eine Kriegsbeendigung unter günstigen Bedingungen für Kiew zu erzwingen, so trägt sie doch eher dazu bei, die Risiken zu erhöhen und Moskaus Motiven für die Fortsetzung des völkerrechtswidrigen Angriffskriegs gegen die Ukraine neue Nahrung zu geben. Denn seit Langem richtet sich sein Sicherheitsinteresse darauf, die NATO auf Abstand zu halten und eine Stationierung von Kurz- und Mittelstreckenwaffen in seiner geographischen Nähe zu verhindern.

Damit vergibt die bilaterale Erklärung auch die Chance, durch die Wahrung eines reziproken Moratoriums einen Wettlauf um die Stationierung von Mittelstreckenwaffen in Europa zu vermeiden. Sie gefährdet zugleich die Wiederaufnahme strategischer Stabilitätsgespräche zwischen den USA und Russland und erhöht die Gefahr, dass nach dem Auslaufen des New START-Vertrags im Februar 2026 erstmals seit den 1960er-Jahren keine rechtsverbindlichen Begrenzungen für strategische Nuklearwaffen mehr existieren. Dann wären die Schleusen für ein neues atomares Wettrüsten offen; globale Instabilität wäre die Folge. Die Behauptung, dass Rüstungskontrolle mit der russischen Führung nicht möglich sei, da sie alle Verträge gebrochen habe, ist historisch nicht haltbar.

Die bilaterale Stationierungsentscheidung spiegelt sich nicht in der gemeinsamen Bündniserklärung des Washingtoner NATO-Gipfels. Sie singularisiert Deutschland in Europa, da die Risiken der Stationierung – anders als im NATO-Nachrüstungsbeschluss von 1979 – nicht von europäischen Partnern geteilt werden. Daran wird auch der *European Long-Range Strike Approach* (ELSA)[30] nichts ändern. Er zielt darauf, europäische Marschflugkörper mit größeren Reichweiten entwickeln, aber eben nicht US-Fähigkeiten zu stationieren, die das bilaterale strategische Gleichgewicht beeinflussen.

Dies wirft Fragen nach der Risiko- und Lastenteilung und der gemeinsamen Verantwortung für das strategische Konzept des Bündnisses auf, vor

---

30 Aleksandra Krzyszioszek: Polen, Deutschland, Frankreich und Italien entwickeln gemeinsam Flugkörper, (Original in Polnisch; deutsche Übersetzung von Jeremias Lin), Euractiv 12.07.2024, in: https://www.euractiv.de/section/europa-kompakt/news/polen-deutschland-frankreich-und-italien-entwickeln-gemeinsam-marschflugkoerper/.

allem nach der Verantwortung für Einsatzentscheidungen und deren Folgen für Deutschland und Europa. Der Hinweis auf den Beitrag der US-LRF zur „integrierte Verteidigung" beantwortet dies nicht. Auch in der Vergangenheit blieben Langstreckenraketen wie die Pershing II und GLCMs, die Ziele auf sowjetischem Territorium angreifen konnten, in der ausschließlichen nationalen Verfügungsgewalt der USA. Nur sie allein konnten einen Einsatz autorisieren.

Die Bedrohung vitaler Sicherheitsinteressen Moskaus allein als eine legitime Reaktion auf den russischen Angriffskrieg gegen die Ukraine zu rechtfertigen, greift angesichts der schwerwiegenden Folgen zu kurz. Denn eine Ausweitung des Konflikts auf ganz Europa und eine Gefährdung der strategischen nuklearen Stabilität muss verhindert werden. Daher sollte der strategische Dialog zwischen den USA und Russland wiederaufgenommen und von deutscher und europäischer Seite unterstützt werden.

Handlungsleitend sollte die Sorge um die Sicherheit und Unabhängigkeit Deutschlands und Europas sein. Die unbestritten wichtige transatlantische Bindung darf nicht verwechselt werden mit der uneingeschränkten Übereinstimmung deutscher und amerikanischer Sicherheitsinteressen. Die geopolitische Lage Deutschlands als Nicht-Atommacht in der Mitte Europas mit begrenztem globalem Einfluss, aber zentraler Verantwortung für die europäische Stabilität unterscheidet ihre Sicherheitsinteressen dezidiert von denen der USA als führender Weltmacht mit globalen Interessen. Daher kann die Vertretung deutscher Interessen nicht allein darin bestehen, den strategischen Zielen und machtpolitisch orientierten Entscheidungen der jeweiligen US-Administration vorbehaltlos zuzustimmen. Vielmehr geht es darum, deren Auswirkungen auf die Sicherheit Europas und Deutschlands mit einer wohlverstandenen, aber eigenständigen Bündnispolitik in Einklang zu bringen.

Wie gefährlich ist die geplante Stationierung amerikanischer Mittelstreckenwaffen in Deutschland?[1]

Joachim Krause

Der Fraktionsvorsitzende der SPD im Bundestag, Rolf Mützenich, hat in den vergangenen Wochen wiederholt die am 10. Juli dieses Jahres am Rande des NATO-Gipfels in Washington verkündete Absicht der Bundesregierung und der USA kritisiert, ab 2026 konventionell bewaffnete Mittelstreckenwaffen (*long-range fire*) auf deutschem Boden zu stationieren. Angeblich gäbe es die behauptete „Fähigkeitslücke" nicht, die Umsetzung der Entscheidung würde hingegen neue technologische Risiken eröffnen. Sie sei mit der Gefahr des Ausbruchs eines Krieges „aus Versehen" verbunden, weil die anvisierten Raketen sehr kurze Vorwarnzeiten hätten.[2] Innerhalb der SPD hat er damit eine kontroverse Diskussion eingeleitet, die allerdings nicht verhindern konnte, dass sich der Parteivorstand am 13. August 2024 für das Projekt aussprach. Außerhalb der SPD und der Friedensbewegung haben diese Argumente eher für Verwunderung gesorgt. Die Argumente, die Mützenich in sehr plakativer Weise verwendet, gehen auf ein Papier zurück, welches der pensionierte Bundeswehroberst Wolfgang Richter im Juli für die Friedrich-Ebert-Stiftung verfasst hat.[3] Um sich mit Mützenich sachlich auseinanderzusetzen, bedarf es daher einer kritischen Würdigung des Papiers von Richter.

---

[1] Der Beitrag erschien zunächst als Studie des „Instituts für Sicherheitspolitik an der Universität Kiel" (ISPK), siehe Krause, Joachim: Wie gefährlich ist die geplante Stationierung amerikanischer Mittelstreckenwaffen in Deutschland?, ISPK Policy Brief Nr. 15, August 2024.

[2] Vgl. Carstens, Peter: Mützenich gegen Stationierung von Mittelstreckenraketen, Frankfurter Allgemeine Zeitung, 21.07.2024.

[3] Richter, Wolfgang: Stationierung von U. S. Mittelstreckenraketen in Deutschland. Konzeptioneller Hintergrund und Folgen für die europäische Sicherheit. Friedrich-Ebert-Stiftung: Berlin, Juli 2024. Dieses Papier ist auch die Basis des Beitrages von Wolfgang Richter in diesem WIFIS-Heft.

Richter hat ein Papier vorgelegt, welches sich sehr detailliert mit den technischen und taktischen Aspekten der Erklärung auseinandersetzt und diese in den Kontext globaler Entwicklungen rückt, die allerdings oft sehr einseitig dargestellt werden. Die technischen und organisatorischen Ausführungen sollen hier nicht näher behandelt werden, sie reflektieren weitgehend den Kenntnisstand der militärtechnischen Literatur. Entscheidend sind die strategischen und politischen Argumente des Papiers. Richter sieht die Entscheidung vom 10. Juli zwar im Kontext einer russischen Bedrohung, aber „gleichwohl habe sie das Potential, (1) das strategische Gleichgewicht zwischen den USA und Russland zu verändern, (2) die Chancen einer Wiederbelebung der nuklearen Rüstungskontrolle signifikant zu reduzieren und (3) die politische und militärische Konfrontation zwischen der NATO und Russland weiter zu verschärfen."[4]

Es ist im Prinzip nicht falsch, neue Waffenbeschaffungen und Dislozierungen auch daraufhin zu untersuchen, ob mit ihnen Entwicklungen verbunden sein können, die Instabilitäten schaffen. Nur wenn man, wie Richter es tut, den russischen Bedrohungskontext lediglich als Fußnote begreift und nur die Rüstungskontrolle und nuklearstrategische Risiken in den Vordergrund stellt, dann muss man sich den Vorwurf der Einseitigkeit gefallen lassen. Richter geht mit dem Tunnelblick der Rüstungskontrolle vor und malt Risiken an die Wand, die hochgradig spekulativ und angesichts der realen Bedrohungslage eher sekundärer Natur sind. Zudem hat er einen ausgesprochen amerikakritischen bias und nimmt propagandistisch gemünzte Ausführungen der russischen Regierung als bare Münze.[5] Eine sachgerechte Abwägung zwischen dem, was im Sinne einer Abschreckungspolitik notwendig ist und den damit verbundenen Rüstungsrisiken findet in dem Papier nicht statt. Im Folgenden werden die Hauptargumente Richters einer kritischen Überprüfung unterzogen.

---

4   Richter, Stationierung, a.a.O., S. 2.
5   Schon an anderer Stelle hat Richter die russische Propagandabehauptung ungeprüft übernommen, wonach im April 2022 ein zur Unterzeichnung fertiger Vertrag zwischen Russland und der Ukraine vorgelegen habe, der nur deswegen vom ukrainischen Präsidenten Selenskyj nicht unterzeichnet worden sei, weil ihn der britische Premier Boris Johnson davon abgehalten habe. Vgl. Experte: Macron-Aussage 'keine gute Idee', ZDF-heute 27.04.2024, in: www.zdf.de/nachrichten/politik/ausland/richter-bodentruppen-macron-ukraine-krieg-russland-100.html. Einen realistischen Überblick zu den Verhandlungen vom Frühjahr 2022 findet sind bei Troianovski, Anton/Entous, Adam/Schwirtz, Michael: Ukraine-Russia Peace Is as Elusive as Ever. But in 2022 They Were Talking, New York Times, 15.06.2024.

Die Vernachlässigung der Bedrohungslage und des strategischen Umfelds

Das auffallendste Merkmal der Analyse ist, dass die russische Bedrohungslage einmal kurz als solche erwähnt wird, aber dann offenbar keine Rolle zu
spielen scheint. Das ist ein typisches Merkmal „rüstungskritischer" Analysen
seit den 1980er-Jahren. Nicht die Bedrohung durch die damalige Sowjetunion
oder das heutige Russland ist das Problem, sondern die angebliche Gefahr
von Rüstungswettläufen und technischen Entwicklungen, die mutmaßlich zu
Kriegen „aus Versehen" führen – obwohl es in der Geschichte noch keinen
einzigen Krieg aus Versehen oder wegen eines Rüstungswettlaufs gegeben
hat.

Diese Annahme war auch schon in den 1980er-Jahren falsch, als das
sicherheitspolitische Hauptproblem die offensive Militärstrategie der Sowjetunion und des Warschauer Paktes war. Die Strategie des Warschauer Paktes
zielte darauf ab, im Fall eines Konfliktes ganz Westeuropa zu erobern – auch
unter Einsatz von Kernwaffen. In rüstungskritischen Kreisen wurde zu der
Zeit nur auf Gefährdungen durch Rüstung – meistens diejenige des Westens
– hingewiesen. Der Warschauer Pakt hat übrigens zwischen 1985 und 1987
diese Strategie aufgegeben, nachdem jene westlichen Rüstungsprojekte um-
gesetzt worden waren, die seinerzeit von den deutschen Rüstungskritikern
und der deutschen Friedensbewegung am meisten bekämpft wurden: die Stationierung von nuklear bewaffneten amerikanischen Mittelstreckenwaffen in
der Bundesrepublik und anderen Ländern Westeuropas und die Umsetzung
von AirLand-Battle[6] und Follow-on-Forces-Attack Konzepten in der NATO-
Strategie für die Verteidigung Westeuropas.[7]

---

6 Die AirLand-Battle-Doktrin wurde von den Streitkräften der Vereinigten Staaten
   entwickelt und bildete in der Zeit von 1982 bis 1990 den strategischen Rahmen
   für die konventionelle Verteidigung Mitteleuropas durch die NATO. Mit Hilfe di-
   gitaler Technologie wurde eine engere und effektivere Koordination zwischen den
   Land- und Luftstreitkräften möglich. Teil der AirLand-Battle-Doktrin war das
   Konzept der Follow-on-Forces-Attack. Hier ging es vorrangig darum, feindliche
   Kräfte des Warschauer Paktes im Verteidigungsfall bereits in der Tiefe des Raumes zu bekämpfen.

7 Vgl. das Buch des früheren Generalstabsoffiziers der NVA, Siegfried Lautsch, der
   in der integrierten Struktur des Warschauer Paktes an der Ausarbeitung strategischer Planungen mitgewirkt hat; Lautsch, Siegfried: Kriegsschauplatz Deutschland. Erfahrungen und Erkenntnisse eines NVA-Offiziers. Zentrum für Militär-
   geschichte und Sozialwissenschaften der Bundeswehr: Potsdam 2013, S. 138 ff.

Die heutige Bedrohung durch Russland ist eine andere. Nicht mehr die Eroberung ganz Europas ist das Ziel, sondern die Gefahr der Aggression gegen Nachbarstaaten Russlands mit dem Ziel der Unterwerfung dieser Staaten oder der gewaltsamen Veränderung von Grenzen. Russland verfügt über erhebliche, aber dennoch nicht unbegrenzte militärische Kapazitäten. Der Krieg gegen die Ukraine hat zu großen Verlusten an ausgebildetem militärischem Personal und Gerät geführt. Aber die Umstellung der russischen Wirtschaft auf Kriegsproduktion, sein großes Kernwaffenpotenzial und die militärische Allianz mit China machen Russland weiterhin zu einer zentralen militärischen Bedrohung Europas.

Putins Politik zielt auf die Zerstörung der politischen Ordnung Europas ab, die durch Institutionen wie NATO und EU strukturiert ist. Chinas Führer Xi Jinping unterstützt ihn dabei, beide wollen nach ihren eigenen Aussagen die Welt in einem Ausmaß ändern, welches die Menschheit seit 100 Jahren nicht mehr erlebt hat.[8] Das sind Ansagen, die erkennen lassen, dass wir in einem internationalen Umfeld leben, welches mit den 1970er- und 1980er-Jahren nicht vergleichbar ist. Eher kommen Erinnerungen an die Jahre zwischen 1939 und 1941 in Europa auf. Entsprechend müssen auch Abschreckung und Rüstungskontrolle neu konzipiert werden. Die Gefahr von Kriegen muss derzeit stärker mit Instrumenten der Abschreckung eingedämmt werden, Rüstungskontrolle erfordert hingegen ein Maß an Komplementarität auf der anderen Seite, welches auf absehbare Zeit in Moskau nicht mehr vorhanden ist.[9] Das sollte einen nicht davon abhalten, immer wieder nach Möglichkeiten der Verständigung zu suchen. Aber das Interesse der anderen Seite an derartiger Verständigung wird erst dann wieder geweckt, wenn die imperialistischen, großrussischen Pläne einer durchaus als kriminell zu bezeichnen Machtvertikale angesichts einer überzeugenden Abschreckung der NATO schon in der Planungsphase scheitern. Angesichts der jahrzehntelangen Vernachlässigung der deutschen Verteidigungsfähigkeiten (und jener der meisten europäischen Staaten) hat sich in Russland offenbar die Vorstellung herausgebildet, man könne den Europäern die Bedingungen einer europäischen

---

8   China' Xi tells Putin of 'changes not seen for hundred years', al-Jazeera, 22.03.2023.

9   Russland hat derzeit offenkundig kein Interesse an Rüstungskontrollverhandlungen und begründet das mit der Nichtbeachtung seiner strategischen Interessen im Fall des Ukraine-Krieges, vgl. Flatoff, Libby/Kimball, Daryl G: Russia Rejects New Nuclear Arms Talks, März 2024, in: www.armscontrol.org/act/2024-03/news/russia-rejects-new-nuclear-arms-talks.

Friedensordnung ohne großes Risiko diktieren – das war der Tenor der russischen Ultimaten an die NATO und die USA vom Dezember 2021.[10]

Ist die Behauptung einer Fähigkeitslücke falsch?

Die Bundesregierung und insbesondere der (der SPD angehörige) Verteidigungsminister Boris Pistorius begründen die Entscheidung zur Stationierung amerikanischer boden- und luftgestützter Raketen mit einer Fähigkeitslücke auf Seiten der NATO. Dieses Argument ist nachvollziehbar, denn seit mehr als zehn Jahren baut Russland seine Fähigkeiten zur Bedrohung Mittel- und Westeuropas mit weitreichenden und präzisen Lenkwaffen in massiver Weise aus. Eine Vielzahl von russischen Waffensystemen sind heute in der Lage, Ziele tief im Hinterland anzugreifen – mit konventioneller Munition oder auch nuklear. Anfangs handelte es sich um luftgestützte oder seegestützte Systeme, seit Mitte des vergangenen Jahrzehnts auch um landgestützte Systeme, die unter Verletzung des INF-Vertrags hergestellt und disloziert wurden.[11] Bis zum Februar 2022 hat die Bundesregierung auf die Bedrohung nicht reagiert, sie nicht einmal thematisiert. Für den früheren Außenminister Heiko Maaß bestand die einzige Sorge darin, dass der INF-Vertrag gekündigt wurde – als ob dieser Vertrag Russland in irgendeiner Weise gehindert hätte, eine konventionelle und militärische Bedrohung gegen Deutschland und seine Nachbarn aufzubauen.[12]

Das hauptsächliche Motiv für die russischen Rüstungsanstrengungen bei Mittelstreckenraketen und Marschflugkörpern dürfte darin bestehen, Deutschland, Polen und auch die Niederlande und Belgien ins Visier zu nehmen. Im Fall eines von Russland begonnenen Angriffskrieges gegen die baltischen Staaten, Polen, Schweden oder Finnland würden sie das Drehkreuz

---

10 Zum russischen Ultimatum siehe Kramer, Andrew E./Erlanger, Steven: Russia Lays Out Demands for a Sweeping New Security Deal With NATO, New York Times, 17.12.2021; zur weiteren Einordnung vgl. Adomeit, Hannes/Krause, Joachim: Der neue (Kalte?) Krieg. Das russische Ultimatum vom Dezember 2021 und die Folgen für die westliche Allianz, Sirius – Zeitschrift für Strategische Analysen 6, H. 2, 2022, S. 129–149.

11 Der INF-Vertrag von 1987 verbot lediglich die Produktion und den Besitz von landgestützten Mittelstreckenraketen (550 km bis 5.500 km Reichweite).

12 Rede des Bundesministers des Auswärtigen, Heiko Maas, in der Aktuellen Stunde zur Zukunft des INF-Vertrags vor dem Deutschen Bundestag am 8. November 2018 in Berlin, Bulletin der Bundesregierung Nr. 121-2 vom 08.11.2018.

für die Versorgung der kämpfenden Truppen bilden. Die Bekämpfung des rückwärtigen Raums zur Unterbindung von Nachschub wäre das zentrale Ziel. Verbunden damit könnte auch die Einschüchterung Deutschlands die Absicht sein.

Dass es dieses Problem gibt, wird von Richter zwar anerkannt, aber er argumentiert, dass die behauptete Fähigkeitslücke gar nicht bestehe. „Die NATO-Partner verfügen zwar in Europa nicht über konventionelle landgestützte Marschflugkörper oder ballistische Raketen im Mittelstreckenbereich, jedoch ebenfalls über ein breites Arsenal von luft- und seegestützten Wirkmitteln sowie landgestützte Kurzstreckenraketen."[13] Er nennt dabei verschiedene Waffensysteme niedriger Reichweite (zumeist Flugzeuge), die angeblich Russland in einer Tiefe von 1.500 km treffen können (was unter günstigen Annahmen stimmt) sowie die luftgestützten US-amerikanischen Marschflugkörper AGM 86 ALCM, AGM 181 LRSO sowie die seegestützten Tomahawk Marschflugkörper, die tatsächlich Reichweiten von bis zu 2.500 km haben (abhängig vom Standort des Bomberflugzeugs).

Einzig auf Systeme hinzuweisen, die entsprechende Reichweite haben, reicht jedoch nicht aus. Zu einem abschreckungsfähigen Dispositiv der NATO müssen auch landgestützte Systeme gehören. Diese erlauben flexiblere, präzisere und vor allem zeitkritische Angriffe gegen Hochwertziele auf Seiten des Angreifers. Außerdem sind derzeit für Angriffe in der Tiefe Russlands neben seegestützten Tomahawks der USA lediglich die auch in den strategischen Angriffskräften vorhandenen AGM 86 ALCM und dessen Nachfolgesystem AGM 181 LRSO verfügbar. Damit würde sich das Problem der Unterscheidbarkeit zwischen einem regional begrenzten Krieg mit konventionellen Waffen und einem nuklearstrategischen Angriff der USA gegen Russland stellen – was bei einem in der Logik der Rüstungskontrolle argumentierenden Autor eigentlich eine große Zurückhaltung hätte nahelegen müssen.

Bei diesen Überlegungen sind auch die Erfahrungen aus dem Ukraine-Krieg mit einzubeziehen. Wenn man auf den Einsatz russischer Raketen und Marschflugkörper im Ukraine-Krieg schaut und auf die Gegenmaßnahmen der Ukrainer, so lassen sich mehrere Lehren für einen künftigen Kriegsschauplatz in Europa ziehen, die allesamt der Argumentation von Richter widersprechen. Russland greift in der Ukraine sowohl militärische wie auch zivile Ziele im Hinterland an und würde es in einem Krieg gegen die NATO ebenso machen, auch und gerade gegen Ziele in Deutschland. Es geht immer darum, militärische Versorgungslinien zu unterbrechen, die Industrie und die Infrastruktur (insbesondere die Energieinfrastruktur) zu zerstören und die Bevöl-

---

13 Richter, Stationierung, a.a.O., S. 7.

kerung zu terrorisieren, um den politischen Widerstandswillen gegen die russische Aggression zu brechen.

Raketenabwehr und Luftverteidigung können einen Großteil abwehren, sind aber stets der Gefahr ausgesetzt, saturiert zu werden. Sollte die NATO dem Ratschlag von Richter folgen, so wären die Gegenmaßnahmen auf Einsätze von Bombern (die sich angesichts der russischen Luftabwehr möglicherweise schwertun wurden) beschränkt oder auf weitreichende Systeme, die erstens lange Zeit benötigen, um den russischen Einsatzraum zu erreichen und deren Einsatz zweitens in Frage gestellt werden wird, weil möglicherweise falsche Signale davon ausgehen, wenn man Waffensysteme einsetzt, die als „strategisch" qualifiziert werden. Im Ergebnis käme eine ähnlich fatale Situation heraus, wie wir sie gegenwärtig im Ukraine-Krieg vorfinden: Russland bombardiert ukrainische Verbände an der Front sowie militärische und zivile Infrastrukturziele im Hinterland und die Ukraine darf effektive westliche Waffensysteme gegen die entsprechenden Flugplätze, Raketenbasen und deren Logistik nicht einsetzen, weil damit angeblich eine Eskalationsgefahr verbunden sei. Anders ausgedrückt: Wollte man der Argumentation von Richter folgen, wäre das geradezu eine Einladung an Russland, den Krieg in die Tiefe des mitteleuropäischen Raums zu führen, weil die westlichen Vergeltungsmaßnahmen nur gebremst erfolgen dürften.

Richter beschreibt in seinem Papier korrekt die militärischen Möglichkeiten, die sich der NATO, bzw. erst einmal einer speziellen Brigade des US-Heeres stellen.[14] Mit der Stationierung von landgestützten U. S. Longe Range Fire (LRF)-Systemen würden „zum ersten Mal seit 1988 wieder strategische Ziele in der Tiefe Russlands von Deutschland aus mit Langstreckenwaffen von hoher Präzision unter Bedrohung gehalten. Dies schließt Moskau ebenso ein wie Basen der strategischen Nuklearstreitkräfte, die kritische Infrastruktur oder das russische Industrie- und Rüstungspotential. Landgestützte Tomahawk-Marschflugkörper, die im Unterschallbereich fliegen, wären wegen ihrer bodennahen Flugbahnen erst spät von Radaren zu erkennen. Insbesondere der Einsatz von hypersonischen Dark Eagle-Raketen würde wenig Zeit für die Lagefeststellung und Entscheidungsfindung in Moskau lassen. Sie können ihre Ziele in wenigen Minuten erreichen. Startvorbereitungen für strategische LRF-Systeme können verdeckt und kurzfristig in Auflockerungsräumen nahe den Friedensstandorten erfolgen, ohne dass größere operative Bewegungen wie vor dem Einsatz zur See oder in der Luft erkennbar wären."[15]

---

14 Die neuen Mittelstreckenwaffen sollen erst einmal nur einer MSOT Brigade zugeteilt werden, die in Deutschland stationiert ist.
15 Richter, Stationierung, a.a.O., S. 8.

Damit hat er recht und das ist genau das Ziel der westlichen Rüstung, die im Vergleich zur russischen sich immer noch sehr bescheiden ausnimmt. Im Falle eines von Russland gegen NATO-Länder angefangenen Krieges sind überraschende Angriffe gegen militärische Ziele notwendig, um effektiv zu sein. Lange Vorwarnzeiten wären kontraproduktiv und würden die Abschreckungswirkung herabsetzen.

Besteht die Gefahr eines Krieges aufgrund technischen Versehens?

In diesem Zusammenhang gelangt Richter zu Folgerungen, die nur noch verblüffen: die neuen Systeme würden sich „für Überraschungsangriffe" eignen. Die Folge sei „ein instabiler steter Alarmzustand" in Moskau, der „zu Fehlperzeptionen und präemptiven Kurzschlussreaktionen führen" würde.[16] Diese Argumentation ist befremdlich. Was man sich unter den „Fehlperzeptionen" und „präemptiven Kurzschlussreaktionen" vorstellen soll, bleibt schleierhaft. Soll diese Formulierung implizieren, dass ein strategischer Nuklearkrieg zwischen den USA und Russland nur deshalb ausbricht, weil in Deutschland konventionelle Systeme stationiert sind, die bis das Russland hineinwirken können? Wenn das damit gemeint ist, dann ist das eine geradezu lächerliche Übertreibung. Tatsächlich ist die durch diese Waffensysteme bewirkte Unsicherheit auf Seiten des russischen Militärs ein wichtiger Faktor, der Abschreckung herstellt und der verhindert, dass es überhaupt zum Ausbruch eines Krieges kommt. Der von Richter konstatierte permanente Alarmzustand in Moskau ist genau das, was die russische Führung davon abhalten wird, überhaupt erst einen Krieg anzufangen.

Verändert sich durch die Stationierung das nuklearstrategische Gleichgewicht zwischen den USA und Russland?

Richter malt dieses Szenario weiter aus und argumentiert, dass mit der Stationierung dieser konventionell bewaffneten Raketen und Marschflugkörper das nuklearstrategische Gleichgewicht zwischen den USA und Russland gefähr-

---

16 Ebd.

det sei. Dies ist eine wirklich steile These, die erneut Angst produzieren soll. Ihre Begründung ist alles andere als überzeugend.

In der nuklearstrategischen Gleichung zwischen den USA und Russland existiert in der Tat eine gewisse Stabilität, die dadurch hergestellt wird, dass keine Seite davon ausgehen kann, dass die andere sie mit präzisen Schlägen nuklear entwaffnen kann (Erstschlag). Richter schreibt nun: „Moskau wird die neue Bedrohung aus Deutschland nicht als defensive Abschreckung auffassen, sondern als Aufbau der Fähigkeit zum regionalen Überraschungsangriff gegen strategische Ziele und somit als (weitere) Unterminierung des strategischen Gleichgewichts. Es könnte die Stationierung auch als Option sehen, um ein etwaiges Eingreifen der NATO in der Ukraine abzusichern."[17]

Der Begriff der „regionalen Überraschungsangriffs auf strategische Ziele" kommt in der Abschreckungstheorie als singuläres Problem eigentlich nicht vor, denn wenn man das gegnerische Kernwaffenpotenzial ausschalten wollte, reichen regionale Angriffe im europäischen Raum nicht aus, insbesondere nicht bei einem Land wie Russland, in dem der Großteil der strategischen Angriffskräfte und der damit verbundenen Frühwarn-, Kommando- und Kontrolleinrichtungen sich im asiatischen Teil befindet. Ein Überraschungsangriff im Sinne eines nuklearen Erstschlags ist nur dann ein solcher, wenn er alle strategischen Angriffskräfte ausschaltet – auch solche nicht-strategischer Natur, die für nukleare Vergeltung genutzt werden können. Von daher macht diese angebliche Unterminierung des strategischen Gleichgewichts keinen Sinn. Dass Richter dennoch so argumentiert, zeigt, dass er eine weit hergeholte Argumentationslinie aus der Rüstungskontrolle missbräuchlich nutzt, um Angst hervorzurufen. Eine sachgerechte Argumentationslinie ist das nicht.

Eine Veränderung des nuklearstrategischen Gleichgewichts ist definitiv nicht mit der geplanten Stationierung der US-Mittelstreckenwaffen in Europa verbunden. Auch ist die Behauptung abwegig, wonach diese stationiert werden sollten, um irgendwann im Jahr 2026 ein militärisches Eingreifen der NATO in der Ukraine abzusichern. Auch hier ging dem Verfasser die Fantasie durch.

---

17 Ebd.

Wird die nukleare Bedrohung Deutschlands größer?

Diese Frage bejaht Richter mit großer Emphase. Auch hier arbeitet er in geradezu populistischer Weise mit dem Aufbau von apokalyptischer Angst. Mit der angeblichen „direkten Bedrohung strategischer Ziele in Russland von deutschem Boden aus" werde nun, so Richter, in einem Konfliktfall Deutschland und nicht die USA zu einem zentralen und vorrangigen Ziel für russische Raketenangriffe. Dies habe Putins Regierungssprecher Dmitry Peskov am 11. Juli 2024 bereits angekündigt. „Russische Experten," so Richter weiter, „gehen davon aus, dass Russland die Raketenproduktion steigern und dual use-fähige Langstreckensysteme an der über 2.000 km langen Grenze zur NATO stationieren wird. Damit erhöht sich das atomare Risiko für Deutschland." [18] Auch diese Argumentationskette ist falsch und eins-zu-eins von der russischen Propaganda übernommen. Tatsache ist, dass seit mehr als zehn Jahren Russland systematisch am Aufbau einer nuklearen Angriffskapazität gegen Europa arbeitet und dass eine große Anzahl von russischen Kernwaffen auf Europa und in Sonderheit auf Deutschland gerichtet ist.[19] Dass das bei uns in der politischen Debatte keine Rolle gespielt hat, liegt auch daran, dass die vorherige wie die derzeitige Bundesregierung dieses Problem einfach nicht thematisieren wollten. Es ist mit zu vielen innenpolitischen Unwägbarkeiten verbunden und passt vor allem in den Reihen der SPD nicht in die vorherrschende Philosophie der Rüstungskontrolle hinein.

Informierte Schätzungen gehen von bis zu 2.000 nicht-strategischen Kernwaffen Russlands aus, die auf Europa gerichtet sein können, wobei nicht klar ist, wie viele davon einsetzbar sind und wie viele in der Reserve liegen. Die Federation of American Scientists schätzt die Zahl der operativ einsetzbaren nicht-strategischen Kernwaffen auf 1.568.[20] Dabei handelt es sich um Kernwaffen, die nahe genug an einen Kriegsschauplatz in Europa gelagert und die in der Lage sind, in einem überschaubaren Zeitrahmen zum Einsatz zu kommen. Das ist eine sehr hohe Zahl und ungefähr so viele Sprengköpfe wie Russland gegen die USA gerichtet hat. Diese Annahme wird durch die Tatsache unterstützt, dass Russland im vergangenen Jahrzehnt seine Lagerkapazitäten für taktische Kernwaffen im europäischen Landesteil erheblich

---

18 Richter, Stationierung, a.a.O., S. 8.
19 Vgl. Brauß, Heinrich/Krause, Joachim: Was will Russland mit den vielen Mittelstreckenwaffen? Sirius – Zeitschrift für Strategische Analysen 3, H. 2, 2019, S. 154–166.
20 Angaben laut Kristensen, Hans M./Korda, Matt/Johns, Eliana/Knight, Mackenzie: Russian nuclear weapons, 07.03.2024, in: thebulletin.org/premium/2024-03/russian-nuclear-weapons-2024/#post-heading.

ausgeweitet hat.[21] Träger russischer Kernwaffen sind Marschflugkörper und ballistische Raketen, die von Land, von U-Booten und Kriegsschiffen sowie von Flugzeugen aus gestartet werden und Reichweiten von 400 bis 2.500 km haben. Nach Angaben des IISS verfügt Russland über etwa 30 unterschiedliche Trägersysteme für seine nicht-strategischen Kernwaffen.[22] Man fragt sich bei diesen Angaben, wie die nukleare Bedrohung Deutschlands durch Russland noch gesteigert werden kann? Vielmehr steigt die nukleare Bedrohung Deutschlands dann, wenn das Kräftedispositiv der NATO Lücken aufweist, die das Risikokalkül auf russischer Seite so beeinflussen, dass man dort die Eröffnung eines Krieges für vertretbar hält. Tatsächlich würde die nukleare Bedrohung Deutschlands größer werden, wenn aufgrund der von Richter propagierten Zurückhaltung ein Angriffskrieg Russlands gegen NATO-Staaten wahrscheinlicher werden würde.

Singularisiert sich Deutschland mit der Übereinkunft?

Ein weiterer Kritikpunkt Richters ist, dass die Vereinbarung erst einmal bilateraler Natur ist. „Mit der bilateralen Stationierungsmitteilung," so Richter, „weicht Deutschland zum ersten Mal von seinem tradierten Kurs ab, sich nicht singularisieren zu lassen und die Risiken politisch sensitiver und folgenschwerer Entscheidungen mit anderen Bündnispartnern zu teilen."[23] Auch dieses Argument ist leicht zu entkräften. Am Rande des NATO-Gipfels wurde eine multinationale Initiative („European Long Range Strike Approach" mit der Abkürzung ELSA) von den Verteidigungsministern Deutschlands, Frankreichs, Italiens und Polens gezeichnet.[24] Weitere Nationen haben ihr Interesse an der Initiative bekundet. Die Verlegung amerikanischer Mittelstreckenwaffen nach Deutschland ist nur Teil eines umfassenderen Ansatzes,

---

21 Vgl. Kristensen, Hans M.: Russland modernisiert Kernwaffendepot im Bezirk Kaliningrad, in: Sirius – Zeitschrift für Strategische Analysen 2, H. 4, 2018, S. 398–400; sowie Nilsen, Thomas: Russland erweitert im großen Umfang seine Kernwaffenlager auf der Kola-Halbinsel, in: Sirius – Zeitschrift für Strategische Analysen 2, H. 4, 2019, S. 401–405.
22 Vgl. Alberque, William/Wright, Timothy: Deployment and Use of Russia's Nonstrategic Nuclear Weapons – Like the Cold War, Only More Dangerous. International Institute for Strategic Studies: Berlin 2023.
23 Richter, Stationierung, a.a.O., S. 8.
24 Vgl. Everstine, Timothy/Trimble, Steve/Osborne, Tony: NATO Members Revive European Long-Range Strike Ambitions, Aviation Week online, 17.07.2024.

bei dem die europäischen Streitkräfte größere Verantwortung übernehmen sollen.

Wäre ein Rüstungskontrollangebot angebracht gewesen?

Kritisch wird von Richter auch bemerkt, dass die Entscheidung zur Ausrüstung einer brigadestarken Multi-Domain Task Force der USA nicht mit einem Rüstungskontrollangebot an die Adresse Moskaus einhergehe. „Im Unterschied zum Doppelbeschluss von 1979 enthält die bilaterale Stationierungsentscheidung keinen Ansatz für eine rüstungskontrollpolitische Einhegung der Eskalationsgefahren und des nun wahrscheinlichen Stationierungswettlaufs mit Russland. Das russische Angebot eines Moratoriums für die Stationierung von landgestützten Langstreckenwaffen im INF-Spektrum dürfte sich damit erledigt haben, zumal Moskau bereits Gegenmaßnahmen angekündigt hat."[25] Diese Argumentation kann angesichts der Erfahrungen mit dem Rüstungskontrollangebot von 1979 nur befremden. Bundeskanzler Schmidt hatte seine Forderungen nach der Stationierung amerikanischer nuklear bestückter Mittelstreckenraketen in Westeuropa aus Rücksichtnahme auf seine Partei (die SPD) mit einem Rüstungskontrollangebot versehen, welches bei allen westlichen Partnern auf große Zurückhaltung gestoßen war.[26]

Wie berechtigt die Kritik an dem Rüstungskontrollangebot war, konnte man in den Jahren zwischen 1980 und 1983 beobachten. Die Sowjetunion sah in dem Angebot keinen Anlass zu seriösen Verhandlungen, sondern unterstützte massiv die westdeutsche Friedensbewegung, die gegen die Nachrüstung der NATO war und setzte darauf, dass Helmut Schmidt an seiner eigenen Partei scheiterte. Das ist ihr auch gelungen, denn die SPD fiel ihrem eigenen Kanzler in den Rücken. Aber ab dem 1. Oktober 1982 wurde die Bundesrepublik von einer Koalition aus Union und FDP regiert. Der Ost-West-Konflikt wäre anders ausgegangen, hätte es nicht den Beschluss des Bundestags vom 22. November 1983 gegeben, der die Stationierung amerikanischer Mittelstreckenwaffen in Deutschland und anderen Ländern ausdrücklich befürwortete. Richter sollte sich ernsthaft fragen, ob er eine Wiederholung dieser Entwicklung haben will. Auch der Verweis auf das Angebot Moskaus für ein Moratorium bei landgestützten Mittelstreckenraketen ist

---

25 Richter, Stationierung, a.a.O., S. 9.

26 Die Entwicklung zum NATO-Doppelbeschluss ist vor dem Hintergrund der aktuellen Literatur sehr präzise dargelegt bei Spohr, Kristina: Helmut Schmidt – der Weltkanzler. Theiss Verlag: Darmstadt 2016, S. 187–243.

nicht zielführend. Die NATO hat das seinerzeit aus guten Gründen abgelehnt, weil dieses Angebot nicht seriös war, sondern auch wieder nur auf die Mobilisierung einer rüstungskritischen Strömung in der Gesellschaft (und insbesondere in der SPD) ausgerichtet war. Man fragt sich, warum Richter diese und andere russische Propagandatricks immer wieder völlig kritiklos reproduziert.

Unter wessen Führung würden die Mittelstreckenwaffen im Kriegsfall eingesetzt werden?

In der am 10. Juli am Rande des Washingtoner NATO-Gipfels unterzeichneten deutsch-amerikanischen Erklärung heißt es im Wortlaut: „Die Vereinigten Staaten von Amerika werden, beginnend 2026, als Teil der Planung zu deren künftiger dauerhafter Stationierung, zeitweilig weitreichende Waffensysteme ihrer Multi-Domain Task Force in Deutschland stationieren. (…) Die Beübung dieser fortgeschrittenen Fähigkeiten verdeutlichen die Verpflichtung der Vereinigten Staaten von Amerika zur NATO sowie ihren Beitrag zur integrierten europäischen Abschreckung."

Aus dem Dokument geht eindeutig hervor, dass diese Waffensysteme als Beitrag der USA für das Kräftedispositiv der NATO und der europäischen Abschreckung dienen sollen, also innerhalb der integrierten Strukturen der NATO ablaufen werden. Richter hat diesen Teil der Erklärung offensichtlich nicht gelesen, denn er schreibt: „Unklar bleibt auch, wie künftig die Befehlsgewalt über den Einsatz konventioneller Langstreckenwaffen aus Deutschland mit strategischen Wirkungen in Russland geregelt werden soll. Bleibt ihr Einsatz einer rein nationalen Entscheidung der USA vorbehalten, kommt Deutschland ein Mitspracherecht zu oder soll ihr Einsatz nur in einem Bündniskontext und nach einer Bündnisabstimmung erfolgen? Sollte erstere Regelung zutreffen, hätte Deutschland sein Schicksal in einem Konfliktfall den strategischen Interessen und Entscheidungen der USA ausgeliefert."[27]

Warum schreibt Richter dies in Kenntnis des Dokumentes, welches exakt das Gegenteil nahelegt? Auf diese Frage hat der Verfasser dieses Papiers keine schlüssige Antwort. Was sich hier aber andeutet, ist, dass Rüstungskritiker in Deutschland wieder auf das gleiche populistische Argumentationsmuster zurückgreifen, welches während der Nachrüstungsdebatte in den Jahren zwischen 1979 und 1984 benutzt wurde. Auch damals wurde wahr-

---

27 Richter, Stationierung, a.a.O., S. 9.

heitswidrig argumentiert, dass die USA die nuklear bewaffneten Mittelstreckenwaffen aufstellen wollten, um einen regionalen Atomkrieg in Europa zu führen. Tatsächlich kam die Anregung zur Aufstellung der Waffensysteme vom deutschen Bundeskanzler Helmut Schmidt und traf anfangs auf Zurückhaltung in Washington. Ziel dieses Argumentationsstrangs, der damals wie heute aus Moskauer Propagandainstituten kommt, ist es Misstrauen gegen die USA aufzubauen und die Bündniszugehörigkeit Deutschlands in Frage zu stellen. Eine typische Denkfigur ist in diesem Zusammenhang die Behauptung eines „Großmachtkonflikts" zwischen den USA und Russland, aus dem sich herauszuhalten Deutschland guttäte.

Wird der nuklearstrategische Dialog zwischen Washington und Moskau gestört?

Richters Kritik an den Plänen zur Aufstellung von konventionell bestückten Mittelstreckenraketen gipfelt in dem Vorwurf, dass diese den Dialog zwischen Russland und den USA über nuklearstrategische Stabilität erschweren. „Die deutsch-amerikanische Stationierungsentscheidung vom 10. Juli 2024 bedeutet aber nicht nur das Ende eines de facto INF-Stationierungsmoratoriums für Europa, sondern auch eine schwere Belastung für die bilateralen strategischen Stabilitätsgespräche zwischen den USA und Russland."[28]
Er führt aus, dass diese derzeit ohnehin eine schwierige Phase durchliefen, weil es Unterschiede in der Definition dessen gäbe, welche Nuklearwaffen zur strategischen Gleichung gehörten. Das ist einigermaßen richtig beobachtet, nur was dann als Argumentation folgt, ist „starker Tobak" und auch wieder deutlich mit russischen Propagandafloskeln versetzt.
Die Verhandlungen über ein Nachfolgeabkommen des im Februar 2026 auslaufenden New-START-Vertrags liegen derzeit auf Eis. Unmittelbarer Anlass war der Einmarsch Russlands in die Ukraine und die damit verbundene Abkühlung der politischen Beziehungen, nicht zuletzt ablesbar an der Beendigung der gegenseitigen Inspektionen von nuklearstrategischen Einrichtungen durch Moskau Anfang 2023. Russland hat gleichzeitig verlauten lassen, dass es an einer Fortsetzung der Verhandlungen über die Fortsetzung von New START nicht interessiert sei, solange die USA nicht die sicherheitspolitische Interessenlage Moskaus im Fall des Ukrainekriegs anerken-

---

28 Richter, Stationierung, a.a.O., S. 11.

nen.[29] Aber das Interesse Moskaus an dem nuklearstrategischen Dialog hatte sich schon zuvor deutlich verringert. Mit der im März 2018 von Putin mit großer Emphase vor der Föderalversammlung angekündigten Einführung neuer Kategorien von nuklearen Angriffswaffen wurde signalisiert, dass Moskau in Richtung strategischer Waffensysteme gehen will, die sich nicht in den Kanon derjenigen Waffensysteme einordnen lassen, die strategische Stabilität sichern. Dazu gehören das Projekt Burewestnik – ein permanent operierender nuklearangetriebener und nuklear bewaffneter Marschflugkörper – das Projekt Poseidon – eine nuklear bewaffnete Unterwasserdrohne, die vor der Küste der USA oder Europas eine Tsunami-Katastrophe auslösen soll – oder die Hyperschallrakete Avantgard.

Ein weiteres Problem ist die Ablehnung des amerikanischen Wunsches nach Einbeziehung nicht-strategischer Waffensysteme in die Verhandlungen. Die US-Regierung fordert dies seit 2010, Moskau lehnt das strikt ab, solange amerikanische Kernwaffen auf europäischem Boden lagern. Tatsächlich will Moskau seine zahlenmäßig und qualitativ überlegene nukleare Bedrohungsfähigkeiten gegenüber Europa nicht in Rüstungskontrollverhandlungen einbringen.[30] Davon erfährt man in der Analyse von Richter überhaupt nichts. Stattdessen kommt nur russische Propaganda. Er schreibt: „Russland bewertet jedoch auch die geopolitische Ausdehnung der NATO bis an die russischen Grenzen, die Stationierung von Kurz- und Mittelstreckenwaffen in den neuen mittel- und osteuropäischen NATO-Staaten sowie die Lieferung von weitreichenden Waffen an die Ukraine als strategische Bedrohung."[31] Das ist zwar korrekt beobachtet, aber diese Verbindung mit anderen Themenbereichen bedeutet eben nichts anderes als dass Moskau nicht an seriösen Rüstungskontrollverhandlungen interessiert ist.

Zur Erinnerung: Im Rahmen der NATO-Russland-Grundakte von 1997 wurde festgelegt, dass zwar Staaten Osteuropas der NATO beitreten können, dass aber in den neuen Mitgliedstaaten keine nennenswerten ausländischen Truppen und auch keine amerikanischen Atomwaffen stationiert werden. Die Bestimmungen der Grundakte werden seit 2014 von Russland missachtet und nach dem Beginn des Angriffskrieges gegen die Ukraine im Februar 2022 sieht sich die NATO auch nicht mehr in der Lage, ihre Zusagen einzuhalten, ohne die Sicherheit ihrer östlichen Mitgliedstaaten zu gefährden. Auf legitime russische Sicherheitsinteressen ist das westliche Bündnis also eingegan-

---

29 Flatoff/Kimball 2024.
30 Zum Hintergrund vgl. Woolf, Amy F.: The New START Treaty: Central Limits and Key Provisions, Updated February 2, 2022, Washington, D.C. 2022: Congressional Research Service, R41219, S. 42–50.
31 Richter, Stationierung, a.a.O., S. 11.

gen und auch die Ukraine ist kein Mitglied der NATO geworden – mit der Folge, dass sich das Land einem brutalen Angriffskrieg seitens Russlands ausgesetzt sieht. Aber nach dem Ultimatum vom Dezember 2021 und der Eröffnung des Angriffskrieges gegen die Ukraine sieht man in den westlichen Hauptstädten, dass die russischen „Sicherheitsinteressen" das überschreiten, was auch unter großzügiger Auslegung der UN-Charter als legitimes Sicherheitsinteresse qualifiziert werden kann. Russland vertritt eine aggressive, revisionistische und revanchistische Außenpolitik, die die legitimen Sicherheitsinteressen der anderen Staaten Europas missachtet. Für Richter ist das aus unerklärlichen Gründen offenkundig kein Problem.

Folgt man Richters Argumentation, dann sollen die USA sich im Rahmen der Gespräche über New-START auf Verhandlungen mit Russland über Waffenlieferungen an die Ukraine einlassen, aber das Thema nicht-strategische Kernwaffen auf die Annahme des Moratoriumangebots Putins für landgestützte Systeme beschränken. Damit wäre das Übergewicht russischer Atomwaffen in Europa befestigt, welches eine Voraussetzung für künftige Aggressionen Moskaus gegen Nachbarstaaten wäre. Angesichts der wiederholten Drohungen Putins mit Atomwaffen gegen europäische Staaten klingt das wie ein Vorschlag, der an Absurdität nicht zu überbieten ist. Hier übernimmt Richter erneut völlig unkritisch Propagandaformeln der russischen Außenpolitik

Zusammenfassung

Die geplante vorübergehende Stationierung von konventionell bestückten Mittelstreckenwaffen der USA sowie die beabsichtigte Ausweitung der Bewaffnung europäischer Streitkräfte mit derartigen Waffen im Rahmen der NATO-Verteidigung gegen einen russischen Angriff verändern nicht das strategische Gleichgewicht zwischen den USA und Russland, sie reduzieren nicht in signifikanter Weise die Chancen einer Wiederbelebung der nuklearen Rüstungskontrolle und sie werden die politische und militärische Konfrontation zwischen der NATO und Russland nicht weiter verschärfen. Sie sind die Antwort auf die russische Aggressivität und Übergriffigkeit, die nicht nur die Ukraine betrifft. Die Maßnahmen stellen eine wichtige Reaktion auf die russische Bedrohung dar und senken das Risiko des Ausbruchs eines Krieges und wirken schadensreduzierend im Fall eines Krieges.

Die von Richter vorgebrachten Argumente halten einer Prüfung nicht stand. Sie schaffen teilweise apokalyptische Szenarien, die weitgehend unrealistisch sind und lediglich der Produktion von Angst vor westlicher Rüstung dienen sollen – die russische Rüstung wird implizit als irgendwie legitim angesehen, zumindest nicht in Frage gestellt. Die in dem Papier enthaltenen Vorschläge aus rüstungskontrollpolitischer Perspektive sind der derzeitigen politischen und militärischen Lage nicht angemessen und ihre Umsetzung würde das Risiko eines Krieges in Europa erhöhen. Die darin zum Ausdruck kommende Deeskalationslogik ist im Prinzip nicht völlig falsch. Nur hat die Erfahrung der vergangenen 20 Jahre gezeigt, dass diese Signale von der derzeit herrschenden Schicht in Moskau nicht gewürdigt, sondern vielmehr als Zeichen der Schwäche interpretiert wird.

Die Argumente von Richter weisen erhebliche Parallelen zu einigen der Hauptargumentationslinien auf, die während der Nachrüstungsdebatte in den 1980er-Jahren in der Bundesrepublik prominent vertreten waren und die zu einer langjährigen strategischen Blindheit in Deutschland beigetragen haben. Aus dieser strategischen Blindheit ist die deutsche Politik erst mit dem Angriffskrieg Russlands gegen die Ukraine erwacht. Scheinbar hat dieser Erweckungseffekt bei Richter und all denjenigen, die seine Argumentation befürworten, immer noch nicht stattgefunden.

Raketenstationierung, außenpolitischer Handlungsspielraum und deutsche Interessen

Michael Staack

Die am 10. Juli 2024 erfolgte Ankündigung von US-Administration und Bundesregierung, ab 2026 neue Mittelstreckenwaffen der USA in Deutschland stationieren zu wollen, hat eine kontroverse Debatte ausgelöst. Dafür ursächlich sind sowohl verschiedene ungeklärte bzw. problematische Dimensionen dieses bilateralen Projekts als auch die Modalitäten der Ankündigung, die gewiss als ein Meisterstück dilettantischer strategischer Kommunikation bewertet werden können. Der Oppositionsführer im Deutschen Bundestag hatte völlig Recht, als er in einer ersten Reaktion feststellte, dass bei einer sicherheitspolitischen Entscheidung dieser Tragweite eine Unterrichtung der CDU/CSU geboten gewesen wäre. Auch die Führungen und Fachpolitiker der Regierungsfraktionen waren, soweit bisher bekannt, nicht vorab informiert. Es stellt sich die Frage, warum eine bedeutende sicherheitspolitische Frage so unangemessen behandelt wurde. Sollte angenommen worden sein, dass ein „Durchwinken" zu Beginn der Sommerpause erfolgreich sein könne, dann wäre der gewachsene gesellschaftliche Debatten- und Erklärungsbedarf im Zeichen des russischen Angriffskrieges gegen die Ukraine oder berechtigter Sorgen und Zweifel in Bezug auf die Berechenbarkeit und Zuverlässigkeit der Außenpolitik der USA nach der Präsidentschaftswahl vom 5. November 2024 noch nicht begriffen worden.

Die Stationierungsentscheidung ist sowohl symbolisch als auch materiell gravierend – und beide Komponenten sind miteinander verschränkt (Meier 2024b, Thies/Graef 2024, Vereinigung Deutscher Wissenschaftler 2024). Mit dem Vollzug der Stationierung würden erstmals seit über drei Jahrzehnten wieder Mittelstreckenraketen in Deutschland stationiert. Die vollständige Abschaffung dieser Waffenkategorie durch den amerikanisch-sowjetischen INF-Vertrag von 1987 gilt zu Recht als zentraler Meilenstein auf dem Weg zur Abrüstung in Europa und zur Überwindung des Ost-West-Konflikts. Seine Kündigung durch die Trump-Administration (2019) war eine herausragende Station im Prozess der Erosion der Rüstungskontrolle. Die Stationierung der neuen Systeme unterstreicht einmal mehr, dass Europa wieder in einer Kalte-Kriegs-Konstellation angekommen ist. Einen großen Unterschied gibt es allerdings: Handelte es sich bei den damaligen INF-Systemen um Nuklearwaffen, so geht es gegenwärtig um konventionelle Waffensysteme. Eine Ausstattung mit nuklearen Sprengköpfen ist derzeit nicht vorgesehen. Sowohl die damaligen INF-Systeme als auch die heutigen Mittelstreckenwaffen stimmen überein in ihrer potenziell besonders destabilisierenden Wirkung, denn sie verkürzen Vorwarn- und Reaktionszeiten; zum Teil (Hyperschallwaffen) auf wenige Minuten. Das ist umso relevanter, da diese Waffen auf strategische Ziele wie die Ausschaltung gegnerischer Führungsstrukturen oder Stützpunkte der Nuklearstreitkräfte abzielen: „Mit diesen Waffen verschaffen sich die USA die Fähigkeit, in einer Krise und einem Krieg strategische Atomwaffenbasen in Russland mit sehr kurzen Flugzeiten von deutschem Boden aus anzugreifen" (Ganser 2024).

Die regierungsoffizielle Argumentation zielt darauf ab, dass mit den neuen Systemen eine „Fähigkeitslücke" geschlossen werden müsse. Dieses Argument ist nur relevant, wenn die Analyse ausschließlich auf landgestützte Mittelstreckensysteme verkürzt wird: „Die (…) Fähigkeitslücke existiert zwar in einem Teilbereich der Waffenskala, da Moskau im Gegensatz zur NATO über bodengestützte Systeme von 500 Kilometer und womöglich größerer Reichweite verfügt. Doch besitzt die westliche Allianz genug luft- und seegestützte Waffen, um diesen etwas entgegenzusetzen. Sie sind quantitativ dem russischen Arsenal sogar überlegen" (Ehrhart 2024).

Abschreckung als Sicherheitsstrategie bedarf einer stimmigen Gesamtkonzeption, die Glaubwürdigkeit in der Einsatzbereitschaft herstellt und für den potenziellen Gegner nachvollziehbar ist – das gilt selbstverständlich beidseitig. In diesem Kontext stellen sich zahlreiche Fragen, die bisher unbefriedigend beantwortet wurden: In welchen Gesamtkontext der NATO-Abschreckungsstrategie ordnen sich die neuen Systeme ein? Wie können neue Risiken als Folge ihrer destabilisierenden Wirkungen eingegrenzt werden? Wer entscheidet über den Einsatz? Warum hat die Bundesregierung mit ihrer Zustimmung zu dieser Stationierung einen Bruch mit einer jahrzehntelangen sicherheitspolitischen Staatspraxis vollzogen und einer Singularisierung Deutschlands innerhalb der NATO zugestimmt? Warum wurde die Stationierungsentscheidung nicht begleitet durch ein Rüstungskontrollangebot nach dem Vorbild des NATO-Doppelbeschlusses?

An dieser Stelle wird die Auffassung vertreten, dass die deutsch-amerikanische Stationierungsankündigung nicht nur einen weiteren Schritt zur Rückkehr in eine Kalte-Kriegs-Konstellation markiert, sondern in gleicher Weise die Reduzierung des außen- und sicherheitspolitischen Handlungsspielraums Deutschlands. Als Folge vor allem des russischen Angriffskrieges gegen die

Ukraine und der damit einhergehenden Zerstörung der bisherigen europäischen Sicherheitsordnung, als Folge der vernachlässigten Verteidigungsfähigkeit Deutschlands, aber auch als Folge der Auswirkungen der von den USA 2017 ausgerufenen „Großmächtekonkurrenz" mit China und Russland sowie des reduzierten deutschen Einflusses im Kontext von EU und NATO hat sich die Fähigkeit Deutschlands, sein Umfeld im Sinne seiner Interessen selbstbestimmt zu gestalten, einschneidend verschlechtert. Deutschland ist heute sicherheitspolitisch so abhängig von den USA wie im „Kalten Krieg" der 1950er- und 1960er-Jahre. Das hat weitreichende Konsequenzen, denn deutsche und US-amerikanische Interessen sind nicht automatisch deckungsgleich. Ob die vereinbarte Raketenaufstellung deutsche Sicherheit erhöht, ist höchst zweifelhaft.

Nach Darstellung der Bundesregierung hat diese vor einem Jahr um die Raketenstationierung gebeten. Nach längerer Wartezeit – so diese Darstellung – wurde diesem Anliegen kurz vor dem NATO-Gipfeltreffen Anfang Juli 2024 entsprochen und Deutschland eine von fünf weltweit vorhandenen „Multi-Domain Task Forces" (MDTF) zugesagt (Brössler u. a. 2024). Ob diese Darstellung zutrifft oder die USA vielmehr „die Bundesregierung seit Jahren (gedrängt hat), dass sie der Stationierung von Mittelstreckenwaffen in Deutschland zustimmt" (Ganser 2024), bedarf weiterer wissenschaftlicher Forschung. Unstrittig ist, dass die neuen Mittelstreckensysteme Bestandteil eines seit über mehrere Jahrzehnte verfolgten Programms der US-Landstreitkräfte sind, mit konventionellen Waffen Überlegenheit auf dem jeweiligen Kriegsschauplatz zu erreichen: „Es geht (…) um neue Fähigkeiten zur Bekämpfung von operativen und strategischen Zielen in der Tiefe des gegnerischen Raums" (Ganser 2024). Das entsprechende Hauptquartier in Wiesbaden wurde schon 2021 aktiviert.

Die neuen Fähigkeiten fügen sich ein in die „grand strategy" der USA zur Aufrechterhaltung ihrer militärischen Weltvorherrschaft („primacy"). Vor dem russischen Überfall auf die Ukraine waren diese Systeme für den potenziellen Kriegsschauplatz in Ostasien gedacht. So wurde beim NATO-Gipfeltreffen auch Japan die Übergabe einer entsprechenden Einheit zugesagt. Ungeachtet ihres Engagements für die Verteidigung der Ukraine, steht für die Vereinigten Staaten parteiübergreifend die Eindämmung ihres Weltmachtrivalen China weiterhin eindeutig im Vordergrund. Aus diesem Grund war schon die Trump-Administration an einer Aufrechterhaltung des INF-Vertrages zum Verbot landgestützter Mittelstreckenwaffen nicht interessiert, denn dieses Abkommen erfasste nur US-amerikanische und russische Systeme, nicht aber das aufwachsende Arsenal der Volksrepublik China. Zwar gab es von Seiten der USA nachvollziehbare Vorwürfe der Vertragsverletzung an die Adresse Russlands, aber auch Moskau meldete korrespondierende Vorwürfe gegen Washington an. Zu einem ernsthaften Versuch, diese Vorwürfe zu klären, kam es 2018/19 nicht mehr. Aus der Sicht der Trump-Administration war die Gewinnung von militärischer Handlungsfreiheit gegenüber China zweifelsfrei prioritär. Den europäischen Staaten unter Einschluss Deutschlands wurde nachdrücklich demonstriert, dass in Grundfragen der europäischen Sicherheit wieder über sie und nicht mit ihnen entschieden wurde. Die Solidarisierung mit der Entscheidung der Trump-Administration konnte diesen Verlust an außenpolitischem Handlungsspielraum nicht wirklich kaschieren.

Die neuen Mittelstreckensysteme sollen ausschließlich auf deutschem Boden stationiert werden. Während des Ost-West-Konflikts hatte sich die damalige Bundesrepublik Deutschland stets bemüht, eine solche „Singularisierung" unbedingt zu vermeiden. Militärisch und politisch besonders signifikante Stationierungen sollten stets in mehreren NATO-Staaten zugleich erfolgen. Auch in Bezug auf den Stationierungteil des NATO-Doppelbeschlusses (1979), war es für Bundeskanzler Helmut Schmidt und seine Regierung unverzichtbar, dass sich mehrere Bündnismitglieder bereitfanden, diese Waffen zu dislozieren. Mit dieser Form der Lasten- und Risikoteilung sollte vermieden werden, dass durch eine Stationierung in nur einem Land eben dieser Staat herausragend exponiert und damit besonders erpressbar werden würde (vgl. Staack 2016: 14). Die Argumente für eine solche Lasten- und Risikoteilung und gegen eine Singularisierung sind von grundsätzlicher Bedeutung und nicht abhängig von der Konstellation des Ost-West-Konflikts. Sie gelten zweifelsfrei für die nun geplanten Mittelstreckensysteme mit ihrer Ausrichtung auf gegnerische Kommando- und Kontrollsysteme. Es ist nicht nachvollziehbar, warum in dieser wichtigen Frage mit einer langjährigen sicherheitspolitischen Staatspraxis gebrochen wurde. Möglicherweise fanden sich keine Stationierungspartner; möglicherweise waren die USA nicht zu einem Entgegenkommen bereit; möglicherweise war auch das entsprechende Wissen institutionell nicht mehr abrufbereit. Aus deutscher Interessenlage jedenfalls ist die nun entstandene Singularisierung von Risiken sicherheitspolitisch hochproblematisch. Sie darf nicht zu einem Präzedenzfall werden.

Auch in Bezug auf Rüstungskontrolle überzeugt die Stationierungsentscheidung nicht. Es ist nicht einleuchtend, warum diese Entscheidung – analog zum NATO-Doppelbeschluss – nicht mit einem Verhandlungsangebot an Russland verknüpft wurde. Ein solches Angebot hätte mit klaren Fristen und Bedingungen versehen werden können. Wäre es von Russland abgelehnt bzw. nicht ernsthaft behandelt worden, so hätte sich die Bundesregierung sogar in ihrer Argumentation mit Blick auf Fähigkeitslücke und Bedrohungslage bestätigt sehen können und mehr Glaubwürdigkeit gewonnen, als das nach jetziger Sachlage der Fall ist. Daher muss die Frage beantwortet werden, wer ein solches Verhandlungsangebot verhindert hat – oder ob es erst gar nicht in Betracht gezogen wurde. Der Einwand, dass Rüstungskontrollgespräche mit Moskau angesichts des russischen Angriffskrieges nicht möglich oder nicht statthaft seien, ist jedenfalls uninformiert. Denn Rüstungskontrolle ist gerade in Krisenzeiten unverzichtbar (Meier 2024a). Und solche Gespräche – ohne Vorbedingungen – hat die Biden-Administration der russischen Führung mehrfach angeboten; bisher allerdings erfolglos.

Ähnlich wie bei der Singularisierungsfrage sind die Analogien zum NATO-Doppelbeschluss an dieser Stelle evident. Helmut Schmidt kam es darauf an, bei den damaligen Mittelstreckenwaffen keine ungeregelte „Grauzone" zuzulassen und eine Lösung durch Verhandlungen zu erreichen (Soell 2008: 709 ff., Staack 2016: 13 f.). Nicht die westliche „Nachrüstung" war sein vorrangiges Ziel, sondern die verbindliche Regelung dieser Frage – bis hin zur beidseitigen Abrüstung dieser Waffenkategorie. Die deutschen Interessen und die deutsche Mitsprache in Nuklearfragen musste er seinerzeit auch gegen die USA durchsetzen. „Fragen dieser Art seien allein Sache Washingtons", so der Sicherheitsberater des damaligen Präsidenten Carter (Hofmann 2015: 293). Schmidt war der Auffassung, dass für eine aktive deutsche Außenpolitik keine Erlaubnis aus Washington erforderlich sei. Die Deutschen seien keine „Vasallen" und von einem befreundeten Amerika dürfe man auch Rücksicht verlangen (Schmidt 1987: 333). Mit dem Doppelbeschluss setzte er im Bündnis eine völlig neue Herangehensweise durch, auf die nach wie vor zurückgegriffen werden könnte und sollte. Ein in der Frage der Rüstungskontrolle eher vage gehaltener Beschluss des Präsidiums der größten Regierungspartei reicht dafür nicht aus. Es bedürfte schon einer überzeugenden Initiative der gesamten Bundesregierung.

Eine breite Debatte über diese Fragen ist zwingend erforderlich. Auch und gerade in der Sicherheitspolitik ist das sachgerechte Abwägen unterschiedlicher Optionen unverzichtbar. „Mehr Waffen" und „mehr Abschreckung" mögen vorübergehend notwendig sein. Für dauerhafte Sicherheit reichen sie nicht aus.

Literatur

Brössler, Daniel u.a. (2024): Raketen für den Frieden, in: Süddeutsche Zeitung, 26.7.2024; https://www.sueddeutsche.de/politik/scholz-biden-raketen-russland-deutschland-lux.KnYokHExRoyS398cG3zYBQ?reduced=true (abgerufen am 12.9.2024)

Ehrhart, Hans-Georg (2024): NATO/Russland: Den Teufelskreis von der einen zur nächsten Nachrüstung durchbrechen, in: Freitag, 29.8.2024; https://www.freitag.de/autoren/hans-georg-ehrhart/nato-den-teufelskreis-von-der-einen-zur-naechsten-nachruestung-durchbrechen (abgerufen am 12.9.2024)

Ganser, Helmut W. (2024): Geht es wirklich um Russlands Arsenal?, in: Zeit Online, 3.9.2024; https://www.zeit.de/politik/ausland/2024-08/us-mittelstreckenraketen-deutschland-stationierung-argumente-nato (abgerufen am 12.9.2024)

Hofmann, Gunter (2015): Helmut Schmidt. Soldat, Kanzler, Ikone, München.

Meier, Oliver (2024a): Waffen ohne Ende? Warum Abrüstung gerade in Kriegszeiten wichtig ist, in: Der Tagesspiegel, 12.5.2024; https://www.tagesspiegel.de/inter nationales/weltweit-steigende-militarausgaben-warum-abrustung-gerade-in-kriegs zeiten-wichtig-ist-11627498.html (abgerufen am 12.9.2024)

Meier, Oliver (2024b): Averting a New Arms Race in Europe, in: Arms Control To-day, September 2024, pp. 18–24.

Schmidt, Helmut (1987): Menschen und Mächte, Berlin.

Soell, Hartmut (2008): Helmut Schmidt. Macht und Verantwortung, München.

Staack, Michael (2016): Helmut Schmidt. Staatsmann, Stratege, Reformer der Bun-deswehr. Opladen/Berlin/Toronto (Gedenkrede an der Helmut-Schmidt-Universi-tät am 10.12.2015)

Thies, Tim/Graef, Alexander (2024): Missiles on the Move. Why US long-range mis-siles in Germany are just the tip of the iceberg, in: Bulletin of the Atomic Scien-tists, 12 August 2024; https://thebulletin.org/2024/08/missiles-on-the-move-why-us-long-range-missiles-in-germany-are-just-the-tip-of-the-iceberg/ (abgerufen am 12.9.2024)

Vereinigung Deutscher Wissenschaftler (2024): Statement by the VDW Study Group „Peace and European Security" on the stationing of conventional "Long-Range Fire Deployments" in Germany, 19 August 2024; https://vdw-ev.de/statement-stationing-lrf-germany/ (abgerufen am 12.9.2024)

Konventionelle Abschreckung erfordert Glaubwürdigkeit

Hans-Peter Bartels/Rainer Glatz

In welche Richtung müsste sie im Ernstfall Front machen, die bald im Süden Litauens stationierte Panzerbrigade 45 der Bundeswehr? Richtung Osten, Belarus? Oder Richtung Westen, Kaliningrad? Von beiden Seiten ist der schmale, überlebenswichtige Korridor, der die einzige Landverbindung des gesamten Baltikums mit dem übrigen NATO-Gebiet darstellt, das sogenannte Suwalki-Gap, bedroht. Schnelle Verstärkung durch die heraneilende Allied Reaction Force (ARF) und die zusätzlich dafür vorgesehene 10. Panzerdivision des deutschen Heeres könnte hier effektiv aufgehalten werden. Die Folgekräfte blieben in Polen liegen.

Priorität wäre also als Anfangsoperation der deutschen Litauen-Brigade vielleicht ein Offenhalten der Suwalki-Lücke zwischen Belarus und dem russischen „Brückenkopf" Kaliningrad. Denn diese Enklave ist mittlerweile eine „A2/AD"-Festung, das heißt: Anti-Access/Area Denial, was die Fähigkeit beschreibt, den Zugang zu einem Raum zu verwehren oder zu behindern bzw. das militärische Operieren in diesem Raum unmöglich zu machen oder wesentlich einzuschränken. Um also den NATO-Zugang zum Baltikum zu sperren, stehen in der Oblast Kaliningrad das hochleistungsfähige Luftabwehrsystem S-400, Raketenstellungen für die Seezielbekämpfung in der Ostsee, „Iskander"-Flugkörper (SS-26, SS-C-7, SS-C-8) mit einer Reichweite von mindestens 500 Kilometern, „Kalibr"-Lenkwaffen (1.500 Kilometer), jeweils als Nuklearwaffenträger geeignet. Außerdem: Kampfflugzeuge, Kriegsschiffe und Heeresverbände.

Damit hat Russland ein mächtiges Drohpotenzial aufgebaut zur Abschreckung der NATO vor der Verteidigung oder Rückeroberung der drei baltischen Staaten, die früher einmal (nach dem Hitler-Stalin-Pakt 1939) von der Sowjetunion annektiert worden waren und heute von Moskau wieder zu seiner Einflusssphäre gezählt werden. Schon nach dem Beginn der ersten Ukraine-Aggression des Kreml 2014 hatte sich die NATO auf ihrem Gipfel in Wales zu militärischen Rückversicherungs-Maßnahmen an ihrer Ostflanke durch eine erweiterte, rotierende multinationale Vornepräsenz im Baltikum und in Polen verpflichtet. Die vornehmlich von den europäischen Bündnispartnern zu stellende NATO Response Force (heute: ARF) sollte schneller und größer werden. Dafür sagten die USA „Enabling"-Fähigkeiten zu, die helfen sollten, gegebenenfalls den Zugang zu den Alliierten im Baltikum zu schützen. Auch der Wechsel von US-Präsident Barack Obama zu Donald Trump änderte daran nichts. Allerdings präsentierte Russlands Präsident Wladimir Putin immer neue (auch nuklearwaffenfähige) Raketen, Marschflugkörper und Hyperschall-Systeme – was im Nachhinein wohl als demonstrative Warnung an den Westen zu verstehen sein sollte, ihm nicht mit eigenen militärischen Kräften in den Arm zu fallen, wenn er die Ukraine erneut überfällt und weitere Gebiete annektiert. Was dann auch niemand tat. Die Ukraine verteidigt sich tapfer allein, nur materiell und finanziell unterstützt von der freien Welt.

So entsetzlich das für die Überfallenen, Getöteten, Versehrten und Vertriebenen ist: Die nukleare Abschreckung „funktioniert" – auf Kosten und zum existenziellen Leidwesen der Ukraine, die 1994 die auf ihrem Territorium stationierten Atomwaffen aus sowjetischer Zeit komplett an Russland übergeben hatte („Budapester Memorandum"). Einen Staat mit tausenden Atombomben greift niemand an. Aber er selbst kann nun in seiner nicht-nuklearen, nicht bündnisgesicherten Nachbarschaft nach Belieben schalten und walten, ohne eigenes Risiko.

Was bedeutet das für unsere osteuropäischen Alliierten? Wie sicher sind sie unter dem Atomschirm der NATO, das heißt vor allem: der USA? Würde ein mit konventionellen Mitteln und ggf. auch mit einzelnen taktischen Atomwaffen vorgetragener Angriff Russlands auf das Baltikum nuklear beantwortet? Wäre dieses Risiko für den Aggressor glaubhaft, würde es also Putin oder wen auch immer davon abschrecken, es überhaupt zu versuchen? „Mourir pour Danzig?" Sterben für Danzig? So lautete die Frage, die Polens Verbündete in Paris sich 1939 stellten. Und heute, in Washington und Los Angeles: Sterben für Vilnius, Riga, Tallinn?

Die aktuelle Antwort der NATO lautet: Unsere konventionelle Verteidigung muss an jeder Stelle des Bündnisgebiets glaubwürdig sein, um abzuschrecken. Das bedeutet, wir sollten dringend mehr in „konventionelle Abschreckung" investieren, unter anderem in Raketenabwehr, integrierte Luftverteidigung und abstandsfähige Präzisionswaffen. Auch (und gerade) unterhalb der Schwelle des Atomwaffeneinsatzes muss der angreifende Gegner im Kriegsfall schnell und entscheidend zurückgeschlagen werden können.

Zur Bekämpfung der A2/AD-Kapazitäten Russlands besteht gegenwärtig in Europa eine Fähigkeitslücke. Sie zu schließen, ist der Sinn der auf dem Washingtoner Jubiläumsgipfel vereinbarten „Deep-Precision-Strike"-Initiative zwischen den USA und Deutschland. Hierher verlegt werden soll 2026 eine amerikanische „Multi-Domain-Task-Force (MDTF)". Ein wesentliches Element dieser neuartigen brigadegroßen US-Task-Force ist ein „Strategic Fires Bataillon" mit je einer Batterie HIMARS-Raketen (künftig bis 500 Kilometer), „Tomahawk"-Marschflugkörper (bis 2.500 Kilometer) bzw. SM-6-Raketen (derzeit 400 Kilometer) und – sobald verfügbar – „Dark-Eagle"-Hyperschall-Flugkörper (mehr als 3.000 Kilometer). Keine dieser Lenkwaffen ist als Träger für nukleare Gefechtsköpfe vorgesehen. Aber sie unterstützen maßgeblich die NATO-Verteidigungsplanungen. Ein signifikanter Zuwachs an konventionellen Fähigkeiten stärkt die Glaubwürdigkeit der Abschreckung und leistet einen Beitrag zum Anheben der nuklearen Schwelle. Fünf solche MDTFs stellt die US Army derzeit auf. Die für den europäischen Schauplatz vorgesehene zweite Task Force ist im Zusammenhang mit dem 2021 wieder eingerichteten 56th Artillery Command (als Theatre Fires Command) zu sehen, beide stationiert im Wiesbadener Stadtteil Mainz-Kastel. Sie unterstehen USAREUR, dem ebenfalls in Wiesbaden beheimateten amerikanischen Heereskommando für Europa. In einer Information des Wissenschaftlichen Dienstes des US-Kongresses (vom 19. April 2024) heißt es, die Aufgabe von MDTFs sei, to „neutralize adversary A2/AD networks to enable joint freedom of action". Bevor es aber so weit kommt, gehe es darum, to „deter adversaries". Die Deep-Precision-Strike-Fähigkeit der US Army ist also als notwendiges, neues Element konventioneller Abschreckung gedacht.

Prinzipiell können auch diese neuen russischen und amerikanischen Waffensysteme wie in den 1980er-Jahren die nuklearen Mittelstrecken-Flugkörper SS-20 und Pershing-II/Cruise Missiles in Europa (INF-Vertrag) Gegenstand von Rüstungskontroll-Verhandlungen und Abrüstungsabkommen werden. Allerdings scheint Putins imperiales und revisionistisches Russland im Moment gerade nicht an gleichgewichts- und status-quo-orientierter Sicherheitspolitik interessiert zu sein, sondern es geht mit aller Gewalt gegen die nach dem Ende des Kalten Krieges 1990 errichtete europäische Friedensordnung (Charta von Paris) vor. Das kriegführende Moskauer Regime verbreitet und unterstützt dabei jede Art von Troll-Narrativen, die westliche Werte, Freiheit, Demokratie und Verteidigungsbereitschaft als Quelle allen Übels in der Welt brandmarken.

Keiner sollte sich täuschen: Nichts und niemand könnte tatsächlich die Existenz und Souveränität Russlands, der (mit 6.000 Nuklearsprengköpfen) größten Atommacht des Planeten, wirklich bedrohen. Wer allerdings um seine Position fürchten muss, ist der Zar im Kreml, dessen Alleinherrschaft pausenlos erschüttert wird durch die Vorbilder gelingender Wohlstands-Demokratien im post-sowjetischen Osteuropa.

Raketenstationierung: Rolle und Möglichkeiten des Deutschen Bundestages

Oscar Prust

Die überraschende Ankündigung, ab 2026 US-Raketen auf dem Territorium der Bundesrepublik Deutschland zu stationieren, wirft zentrale Fragen nach der Rolle und den Einflussmöglichkeiten des Deutschen Bundestages auf eine solche sicherheitspolitische Entscheidung auf. Dabei werden nicht nur politische Dynamiken innerhalb der verschiedenen parlamentarischen Gremien und Fraktionen berührt, sondern auch verfassungsrechtliche Fragen neu aufgeworfen.

Im Mittelpunkt des Beitrags steht die Frage, inwieweit der Bundestag auf die Entscheidung der Bundesregierung, Einfluss nehmen kann. Zwar sehen Art. 24 Abs. 2 und Art. 59 Abs. 2 Satz 1 GG eine formelle Beteiligung des Bundestages in außenpolitischen Fragen vor. Allerdings handelt es sich bei der Entscheidung über die Stationierung amerikanischer Raketen letztlich um Regierungshandeln, das keiner formellen parlamentarischen Beteiligung bedarf. Insofern haben die in der Vergangenheit geführten Stationierungsdebatten, insbesondere um den NATO-Doppelbeschluss, einerseits die Rolle des Bundestages politisch gestärkt, andererseits aber auch für verfassungsrechtliche Klarstellungen zugunsten exekutiver Handlungsspielräume gesorgt.

Trotz fehlender Letztentscheidungskompetenz muss der Bundestag aber kein willfähriger Zuschauer sein. Abgesehen von seinem „schärfsten Schwert", dem konstruktiven Misstrauensvotum nach Art. 67 GG, verfügt der Bundestag auf der formellen Ebene mit den Fachausschüssen und seinem Budgetrecht einerseits und auf der informell-politischen Ebene der Fraktionen andererseits über wichtige Kontrollinstrumente, um politischen Druck auf die Bundesregierung auszuüben, Entscheidungen zu diskutieren und gegebenenfalls nachzujustieren. Die Wirksamkeit dieser Einflussmöglichkeiten hängt jedoch vom Willen der Abgeordneten ab, die letztlich „an Aufträge und Weisungen nicht gebunden und nur ihrem Gewissen unterworfen" sind (Art. 38 Abs. 1 Satz 2 GG). Insofern prägen vor allem die veränderten parteipolitischen Linien die noch junge Stationierungsdebatte und könnten zu einer Intensivierung der parlamentarischen Kontrolle führen, auch wenn dies verfassungsrechtlich nicht zwingend ist.

Im Folgenden wird untersucht, inwieweit sich die Positionen der Fraktionen als zentrale parlamentarische Akteure verändert haben, welche realen, formellen und informellen Einflussmöglichkeiten auf die geplante Raketenstationierung bestehen und wie sich diese unterscheiden. Abschließend versucht der Beitrag, eine Bewertung der Einflussmöglichkeiten und grobe Entwicklungslinien der institutionellen Rolle des Deutschen Bundestages in Fragen der US-Raketenstationierung nachzuzeichnen.

Rückkehr der Raketenfrage: Der Bundestag im Lichte alter und neuer Bedrohungen

Die zunehmende Verflechtung von Außen- und Innenpolitik sowie die Internationalisierung der Sicherheitspolitik haben insgesamt zu einer Stärkung des parlamentarischen Einflusses in außenpolitischen Fragen geführt (vgl. z.B. Wagner 2017; 2011; Mello 2017; Milner/Tingley 2015). Insofern ist der Deutsche Bundestag in sicherheitspolitischen Fragen längst mehr als ein willfähriges Feigenblatt. Geprägt wurde die Rolle des Bundestages vor allem durch die einschneidenden innenpolitischen Erfahrungen im Zusammenhang mit dem NATO-Doppelbeschluss. Die geplante Stationierung US-amerikanischer Raketen auf deutschem Boden ab 2026 ist stark von diesen in der Vergangenheit geschaffenen politischen und rechtlichen Rahmenbedingungen beeinflusst. Ein Vergleich der beiden Phasen offenbart zunächst zentrale Kontinuitäten und Unterschiede in der Rolle des Deutschen Bundestages und der parteipolitischen Kultur in sicherheits- und rüstungspolitischen Fragen.

An der Entscheidung über die Stationierung der US-amerikanischen „Pershing II"-Raketen im Rahmen des NATO-Doppelbeschlusses war der Bundestag mit einer intensiven Debatte beteiligt (vgl. dazu den Beitrag von Joachim Krause in diesem Band). Während CDU/CSU und FDP die Stationierung der Raketen als notwendige Maßnahme zur Abschreckung der Sowjetunion bzw. Russlands damals wie heute unterstützten, war die SPD in dieser Frage schon in der Vergangenheit gespalten. Diese Spaltung trug letztlich auch zum Bruch der sozialliberalen Koalition im Oktober 1982 bei (vgl. Berghofer 2022, 88; Thränert 2001, 57). Teile der SPD befürworteten die Stationierung, während die innerparteilichen Gegner, insbesondere aus dem Umfeld der Friedensbewegung, massiven Widerstand formierten. Auch die Grünen, die im März 1983 als neue Kraft in den Bundestag einzogen, lehnten

die Stationierung vehement ab und machten die Ablehnung des Doppel-
beschlusses zu einem zentralen Bestandteil ihres politischen Programms. Sie
argumentierten, die Stationierung von Mittelstreckenraketen in Deutschland
erhöhe die Gefahr eines Atomkrieges und destabilisiere das strategische
Gleichgewicht. Trotz starken politischen Drucks und massiver Proteste endete die ausführliche Bundestagsdebatte schließlich im November 1983 mit
einem formellen Nachrüstungsbeschluss der schwarz-gelben Koalition unter
Bundeskanzler Helmut Kohl (vgl. Deutscher Bundestag 1983).

Bei der nun geplanten Stationierung ab 2026 erscheint die Rolle des
Deutschen Bundestages dagegen deutlich geschwächt. Mit Blick auf den ge-
wachsenen Entscheidungsspielraum der Exekutive in sicherheitspolitischen
Fragen, insbesondere in Bezug auf die NATO, und die inzwischen gefestigte
internationale Rolle Deutschlands stellt sich die Regierung unter Bundeskanzler Olaf Scholz auf den Standpunkt, dass eine formelle Befassung des
Bundestages zur Legitimation der Entscheidung nicht erforderlich sei (vgl.
Steingart 2024). Damit umgeht der Bundeskanzler im Vertrauen auf die
grundsätzliche Unterstützung des Parlaments angesichts des russischen Angriffskrieges gegen die Ukraine trotz – oder gerade wegen – der absehbar
heftigen Kritik vor allem des SPD-Fraktionsvorsitzenden Rolf Mützenich
unter Verweis auf die einschlägige höchstrichterliche Rechtsprechung eine
parlamentarische Debatte über die Stationierung, die in den 1980er-Jahren
noch zu heftigen innerparteilichen Auseinandersetzungen geführt hatte. Dennoch plant die SPD-Fraktion eine Debatte im Bundestag kurz nach der parlamentarischen Sommerpause 2024. Die Wirkung dieser Debatte dürfte allerdings geringer sein als in den 1980er-Jahren, da die Koalitionsfraktionen und
die SPD-internen Kritiker vor allem eine inhaltlich nachholbare politische
Debatte einfordern, nicht aber ihre formalen Beteiligungsrechte verletzt sehen.

Noch deutlicher ist der Wandel der parteipolitischen Linie bei den Grünen. Waren sie in den 1980er-Jahren noch vehement gegen die Stationierung
von Raketen auf deutschem Boden, so hat sich ihre Position heute stark ge-
wandelt. Als Regierungspartei verfolgen sie keinesfalls mehr einen pazifisti-
schen Ansatz in der Außen- und Sicherheitspolitik. Ihre Einwände gegen die
geplante Stationierung ab 2026 sind vor allem haushaltspolitischer Natur
(tagesschau 2024) und insofern nicht mit denen der 1980er-Jahre vergleichbar. Diese Entwicklung reiht sich ein in die Entscheidungen der Grünen zum
Kosovo-Einsatz 1999, zum Afghanistan-Einsatz 2001 und ihre Haltung zu
Rüstungsfragen im Kontext des Ukrainekrieges und verdeutlicht den kontinu-
ierlichen Wandel der Grünen in außen- und sicherheitspolitischen Fragen.

Damit zeigt der Vergleich, dass es vor allem der Wandel der in der Regierung vertretenen parteipolitischen Positionen im Zusammenhang mit dem

veränderten sicherheitspolitischen Kurs Deutschlands ist, der die politischen Triebkräfte gegen einen Einsatz abgeschwächt und damit die Rolle des Deutschen Bundestages bei dessen Entscheidung seit den 1980er-Jahren sichtbar verringert hat.

Marginale Einflussmöglichkeiten des Deutschen Bundestages: Rechtliche und politische Gründe

Welche Einflussmöglichkeiten verbleiben dem Deutschen Bundestag im Hinblick auf die Stationierung? Zunächst ist zwischen rechtlichen und informell-politischen Einflussmöglichkeiten zu unterscheiden: Auf der rechtlichen Ebene lässt sich die eingeschränkte parlamentarische Mitwirkung mit den bestehenden internationalen Verpflichtungen Deutschlands, insbesondere im Rahmen der NATO, begründen.

Die vom Bundestag ratifizierten Verträge, allen voran der NATO-Vertrag von 1949 und der Aufenthaltsvertrag von 1954, räumen der Bundesregierung grundsätzlich den notwendigen Handlungsspielraum ein, sicherheitspolitische Entscheidungen auch ohne erneute Zustimmung des Parlaments zu treffen. Ein bloßer Verweis auf die bündnispolitischen und völkerrechtlichen Verpflichtungen Deutschlands im Rahmen der NATO greift indes zu kurz. Denn er verkennt, dass es – anders als im Fall des NATO-Doppelbeschlusses – für die Entscheidung über die beabsichtigte Stationierung ab 2026 an einer materiellen Grundlage, d.h. einem NATO-Ratsbeschluss, fehlt, der die Basis für ein jedenfalls durch den NATO-Vertrag legitimiertes Regierungshandeln bilden würde. Ein solcher Beschluss müsste multilateral im Konsens gefasst werden. Die bilaterale Erklärung zwischen Deutschland und den USA vom 10.7.2024 (vgl. White House 2024), die Beübung der mit der Raketenstationierung verbundenen Fähigkeiten zeige „das Engagement der Vereinigten Staaten für die NATO und ihren Beitrag zur integrierten europäischen Abschreckung", genügt aber diesem Anspruch nicht.

Ohnehin bestehen Zweifel an der Multilateralität und der Ausgangsrichtung dieser Erklärung, da sie primär zwischen den USA und Deutschland getroffen worden zu sein scheint, auch wenn die anderen Bündnispartner informell beteiligt gewesen sein mögen. Diese gebotene Differenzierung ist wohl ein Anhaltspunkt für einige Kritiker (vgl. Deutscher Bundestag 2024c).

Allerdings verfügt die Bundesregierung jedenfalls im Rahmen des Aufenthaltsvertrages über den notwendigen außenpolitischen Handlungsspielraum. Das Bundesverfassungsgericht hatte bereits in seinen Entscheidungen zur Nachrüstung (BVerfGE 66, 39) und zur Lagerung chemischer Waffen

(BVerfGE 77, 170) hinreichend klargestellt, dass Art. 1 Abs. 2 des Aufenthaltsvertrags die Bundesregierung ermächtigt, die effektive Truppenstärke der betreffenden ausländischen Streitkräfte auf deutschem Boden zu erhöhen, sofern dies „mit Zustimmung der Regierung" geschieht - eine Beteiligung des Bundestages ist also expressis verbis nicht erforderlich. Mit der Zustimmung zum Aufenthaltsvertrag und weiter zum NATO-Truppenstatut ist der Gesetzgeber somit verfassungskonform beteiligt und tätig geworden. Die Aushandlung und Erfüllung der aus den Verträgen resultierenden Verpflichtungen fallen im Übrigen in den verfassungsrechtlich geschützten Kernbereich exekutiver Eigenverantwortung (vgl. BVerfG, 22.11.2001 - 2 BvE 6/99).

Darüber hinaus hat der Bundestag über den Verteidigungsausschuss, den Auswärtigen Ausschuss und den Unterausschuss für Abrüstung, Rüstungskontrolle und Nichtverbreitung weitere formelle Einflussmöglichkeiten. Die Ausschüsse tagen regelmäßig und haben im Rahmen ihres Selbstbefassungsrechts nach § 62 Abs. 1 GOBT die Möglichkeit, die Bundesregierung umfassend zu befragen und parlamentarische Debatten zu initiieren. Insbesondere der Unterausschuss, der durch seine enge personelle und thematische Verzahnung mit dem Auswärtigen Ausschuss und dem Verteidigungsausschuss ein hohes Maß an Spezialisierung ermöglicht, ist ein wichtiger Ort der Debatte. Hier können sowohl Regierungs- als auch Oppositionsfraktionen ihre Schwerpunkte setzen und in die parlamentarische Debatte einbringen.

Der Auswärtige Ausschuss und der Verteidigungsausschuss sind zudem nach Art. 45a GG verfassungsrechtlich privilegiert und bieten den Abgeordneten weitreichende Möglichkeiten, die Regierung zu befragen, sich mündlich und schriftlich unterrichten zu lassen und politische Positionen zur geplanten Raketenstationierung zu debattieren (ausf. dazu, vgl. Pilz 2008; Mätzig 2004). Die Ausschüsse können z.B. von ihrem Zitierrecht nach Art. 43 Abs. 1 GG Gebrauch machen, um Minister oder auch den Bundeskanzler vorzuladen und die Entscheidung näher zu erläutern und dabei erforderlichenfalls auch Detailfragen wie den genauen Standort der Raketen und den Zeitpunkt der Stationierung zu erörtern. Ob dies in Bezug auf die Raketenstationierung geschehen wird, bleibt abzuwarten.

Im Übrigen hat der Bundestag von seinen diesbezüglichen Fragerechten zum Zeitpunkt der Bearbeitung noch erstaunlich wenig Gebrauch gemacht. Lediglich drei schriftliche Fragen (vgl. Deutscher Bundestag 2024d; 2024b; 2024a) sowie zwei Anträge (vgl. Deutscher Bundestag 2024c; 2024e) waren bis dahin aus den Reihen der Opposition eingegangen. Die Fragesteller gehörten zudem nicht den zuständigen Fachausschüssen für Auswärtiges und Verteidigung an.

Ein weiterer wichtiger Aspekt, der die formelle Beteiligung des Bundestages betrifft, sind die mit der Stationierung verbundenen Kosten. Vor der

Sommerpause 2024 wurde den Obleuten des Verteidigungsausschusses ein weitgehender Ausgabenstopp im Rüstungsbereich für den Bundeshaushalt 2025 signalisiert. In den anstehenden Haushaltsverhandlungen nach der Sommerpause dürfte diese Frage mit Blick auf die Stationierungskosten erneut aufgegriffen werden. Die haushalts- und verteidigungspolitischen Berichterstatter für den Einzelplan 14 haben hier die Möglichkeit, über das Budgetrecht Einfluss auf die finanziellen Rahmenbedingungen der Stationierung zu nehmen. Auch wenn sie die Stationierungsentscheidung selbst nicht verhindern können oder wollen, bleibt der regierenden Mehrheit damit ein wichtiges Steuerungsinstrument erhalten. Nichtsdestotrotz sind die formellen Einflussmöglichkeiten des Bundestages damit eher begrenzt.

Auf der informellen Ebene hat die Bundesregierung zudem einen wichtigen politischen Mechanismus umgangen, indem sie die Entscheidung über die Raketenstationierung autonom und ohne vorherige Konsultation der Fraktionen getroffen hat. Der Zeitpunkt der Bekanntgabe in der parlamentarischen Sommerpause sowie interne Dokumente und eilig anberaumte Gesprächsrunden zur Begründung der Entscheidung im Spätsommer 2024 legen nahe, dass die Entscheidung ohne Rücksprache mit den Fraktionen getroffen wurde. Dabei wäre eine Einbindung der Fraktionen auch nach der Sommerpause ohne weiteres möglich gewesen, wo die Entscheidung in den Arbeitsgruppen hätte diskutiert und die Fraktionen hätten strategisch ausgerichtet werden können, bevor sie über die Obleute auf die Tagesordnung der Ausschüsse und damit in die formalen Strukturen des Bundestages eingebracht worden wäre. In der parlamentarischen Praxis treten zu diesem Zweck in der Regel die zuständigen Staatssekretäre bzw. Staatsminister in den Arbeitsgruppen auf und werben um Unterstützung für eine Maßnahme, bevor diese interfraktionell und damit öffentlich diskutiert wird. Dieser Sicherungsmechanismus zur inneren Kohäsion der Regierungsmehrheit kann als informeller Mechanismus von den Fraktionen allerdings nur schwer eingefordert werden. Die mangelnde Einbindung dürfte daher auch zu der erwähnten Kritik aus den Reihen der Fraktionsvorstände von SPD und Grünen beigetragen haben.

Dieses Vorgehen verdeutlicht, dass die Regierung den Entscheidungsprozess eher als administrativen Akt, denn als politische Entscheidung versteht und sich damit offenbar eng an den Vorgaben des Bundesverfassungsgerichts aus dem Nachrüstungsbeschluss orientiert. Wenngleich dies rechtlich nicht zu beanstanden sein mag, erschwert es den Abgeordneten doch, eine Entscheidung öffentlich zu vertreten, die sie angesichts der russischen Bedrohung wohl inhaltlich weitgehend mittragen, an deren Zustandekommen sie aber nicht oder nur unzureichend beteiligt waren.

Darüber hinaus dürften die anstehenden Wahlen in den USA im Jahr 2024 und in Deutschland im Jahr 2025 die Entscheidung über die Raketenstationierung faktisch aufschieben, da ihre geplante Umsetzung im Jahr 2026 von der politischen Unterstützung der künftigen Regierungen in beiden Ländern abhängt. Insofern erscheint die plötzliche Bekanntgabe der Stationierungspläne, ohne zuvor innenpolitische Unterstützung einzuholen, wenig zielführend und könnte den langfristigen Erfolg dieser sicherheitspolitischen Maßnahme schlimmstenfalls sogar gefährden.

Resümee: Legitimatoren ohne Einfluss

Im Ergebnis erweisen sich die Einflussmöglichkeiten des Deutschen Bundestages auf sicherheitspolitische Entscheidungen als erheblich eingeschränkt. Diese Einschränkungen ergeben sich aus den verfassungsrechtlich verankerten weiten Handlungsspielräumen der Bundesregierung in außen- und sicherheitspolitischen Fragen, die vorliegend vor allem durch den vom Bundestag ratifizierten Aufenthaltsvertrag hinreichend legitimiert werden. Dennoch ist der Bundestag nicht völlig machtlos. Über seine Ausschüsse – insbesondere den Verteidigungs- und den Haushaltsausschuss – bleiben ihm indirekte Einflussmöglichkeiten. Die dort verankerten Kontrollmechanismen ermöglichen es den Abgeordneten, Detailfragen wie Kosten, Ort und Zeitpunkt der Stationierung zu diskutieren.

Dennoch zeigen die sich abzeichnenden politischen Spannungen, dass die Entscheidung der Bundesregierung, den Bundestag und vor allem die Regierungsfraktionen nicht umfassend in den Entscheidungsprozess einzubeziehen, auf parlamentarisches Unbehagen stößt. Die Abgeordneten, insbesondere von SPD und Grünen, stehen nun vor der Herausforderung, eine Entscheidung öffentlich zu vertreten, an deren Vorbereitung sie nicht oder nur am Rande beteiligt waren. Insgesamt hat die Rolle des Bundestages in sicherheitspolitischen Fragen seit den 1980er-Jahren auch durch die veränderten parteipolitischen Linien im Kontext des gewandelten Sicherheitsumfeldes an Bedeutung verloren. Während die Stationierung im Rahmen des NATO-Doppelbeschlusses noch durch eine formale parlamentarische Beteiligung legitimiert war, wird die beabsichtigte Stationierung ab 2026 bis dato eher als exekutiver Verwaltungsakt gehandhabt.

Politisch bleibt die mangelnde Parlamentsbeteiligung problematisch, da vor allem die Fraktionen wichtige Plattformen zur Legitimation solcher sicherheitspolitischen Entscheidungen darstellen. Insofern wirkt die plötzliche Bekanntgabe von Stationierungsabsichten ohne vorherige umfassende Konsultationen überhastet und kontraproduktiv. Auch weil die Umsetzung der Stationierung maßgeblich von der politischen Unterstützung der künftigen

Regierungen und damit von den anstehenden Wahlen in den USA und Deutschland abhängen dürfte, wäre eine rechtzeitige und breitere politische Debatte zumindest innerhalb der Regierungsfraktionen zur langfristigen politischen Absicherung sinnvoll gewesen. Insofern hätte eine umfassendere parlamentarische Einbindung nicht nur die politische Legitimation gestärkt, sondern auch den Weg für eine stabilere sicherheitspolitische Umsetzung geebnet.

Während die verfassungsrechtliche Rolle des Bundestages in der Stationierungsfrage grundsätzlich geklärt ist, bleiben zahlreiche politische Fragen offen, etwa inwieweit Deutschland durch die Stationierung zum potenziellen Kriegsziel wird. Viele dieser Fragen haben zudem einen rechtlichen Kern, den es zu klären gilt. Dies gilt etwa für die Entscheidung über den Einsatz der Raketen im Ernstfall. Eine alleinige Entscheidung der USA erscheint ebenso wenig vorstellbar wie ein reines Konsensverfahren, so dass ein Zustimmungsvorbehalt der Bundesregierung als realistische Option erscheint. Ein entsprechendes Memorandum of Understanding zwischen den Regierungen Deutschlands und der USA eröffnet denn auch ein gewisses Fenster für die genannten parlamentarischen Einflussmöglichkeiten – den politischen Willen dazu vorausgesetzt.

Literatur

Berghofer, Julia (2022): Germany's Position on the Future of Extended Deterrence and Arms Control in the Euro-Atlantic Region. In Arms Control and Europe: New Challenges and Prospects for Strategic Stability, hrsg. von Polina Sinovets und William Alberque, Cham, S. 87–97.

Deutscher Bundestag (1983) BT-Plenarprotokoll 10/36 (Beschluss Stationierung Pershing-II), in: https://dserver.bundestag.de/btp/10/10036.pdf.

Deutscher Bundestag (2024a): BT-Drs. 20/12484.

Deutscher Bundestag (2024b): BT-Drs. 20/12558.

Deutscher Bundestag (2024c): BT-Drs. 20/12586 (Antrag DIE LINKE: Keine US-Raketenstationierung).

Deutscher Bundestag (2024d): BT-Drs. 20/12619.

Deutscher Bundestag (2024e): BT-Drs. 20/12636 (Antrag BSW: Volksbefragung zur US-Raketenstationierung).

Mätzig, Alexander (2004): Entscheidungsprozesse im Verteidigungsausschuss: unter besonderer Berücksichtigung der 13. Wahlperiode (1994–1998). Frankfurt am Main /New York.

Mello, Patrick A. (2017): Curbing the royal prerogative to use military force: the British House of Commons and the conflicts in Libya and Syria", in: West European Politics 40 (1), S. 80–100.

Milner, Helen V./Dustin H. Tingley (2015): Sailing the Water's Edge: The Domestic Politics of American Foreign Policy. Princeton.

Pilz, Volker (2008): Der Auswärtige Ausschuss des Deutschen Bundestages und die Mitwirkung des Parlaments an der auswärtigen und internationalen Politik. Berlin.

Steingart, Gabor (2024): Kein Helmut Schmidt 2.0 – warum Olaf Scholz ihm nicht das Wasser reichen kann". FOCUS Online (blog). 4. September 2024, in: https:// www.focus.de/politik/gastbeitrag-von-gabor-steingart-kein-helmut-schmidt-2-0-warum-olaf-scholz-ihm-nicht-das-wasser-reichen-kann_id_260264240.html.

Tagesschau (2024): Eine Abschreckung, die aufschreckt: US-Raketenstationierung in Deutschland". Tagesschau.de (blog). 11. Juli 2024, in: https://www.tagesschau.de/inland/innenpolitik/marschflugkoerper-deutschland-usa-100.html.

Thränert, Oliver (2001): Helmut Schmidt '77. In der nuklearen Grauzone: Londoner Rede tritt Nachrüstung los. In: Neue Gesellschaft Frankfurter Hefte 1 (2), S. 57 ff.

Wagner, Wolfgang (2011): Die demokratische Kontrolle internationalisierter Sicherheitspolitik: Demokratiedefizite bei Militäreinsätzen und in der europäischen Politik innerer Sicherheit. Baden-Baden.

Wagner, Wolfgang (2017): The 'Bundestag' as a Champion of Parliamentary Control of Military Missions. In: Sicherheit und Frieden (S+F) 35 (2), S. 60–65.

White House (2024): Joint Statement from United States and Germany on Long-Range Fires Deployment in Germany. The White House (blog). 10. Juli 2024, in: https://www.whitehouse.gov/briefing-room/statements-releases/2024/07/10/joint-statement-from-united-states-and-germany-on-long-range-fires-deployment-in-germany/.

Ein wichtiger Beitrag für mehr Abschreckung

Wolfgang Hellmich

Am 10. Juli haben die Bundesrepublik Deutschland und die Vereinigten Staaten von Amerika auf dem NATO-Gipfel in Washington eine Vereinbarung über die Stationierung konventioneller Marschflugkörper beschlossen. Danach ist beabsichtigt, ab 2026 bestimmte Einheiten (Multi-Domain Task Force) in Deutschland mit weitreichenden konventionellen Waffensystemen durch die USA auszustatten. Die Stationierung soll zunächst zeitweise und im Rahmen von Übungen erfolgen, auf Basis bestehender Stationierungsabkommen.

Beabsichtigt ist die Verlegung mehrerer Systeme. Dazu gehören Tomahawk-Marschflugkörper, SM-6-Raketen sowie Systeme, die sich mit mehrfacher Schallgeschwindigkeit (Hyperschall) bewegen können. Diese Waffensysteme verfügen über eine deutlich größere Reichweite als die derzeitigen landgestützten Systeme in Europa. Sie sind damit eine klare Antwort auf die seit geraumer Zeit existierende Bedrohung durch Russland. Präsident Putin verfügt bereits über landgestützte Systeme dieser Art, die nach Berlin, Paris und Warschau reichen und die auch atomar bestückbar sind. Die europäischen NATO-Mitglieder hingegen besitzen derzeit keine solchen Mittelstreckenwaffen, nur luft- und seegestützte Varianten. Die Tomahawk-Systeme schließen somit eine Fähigkeitslücke in Deutschland und Europa. Im Gegensatz zu den russischen Systemen sind sie nicht atomar bestückbar.

Die russische Aufrüstung ist schon lange zu beobachten, sie wurde unter Verletzung der Verpflichtungen aus dem INF-Vertrag vorangetrieben und hat dessen Scheitern verursacht. In den letzten Jahren wurde sie von Russland nochmal beträchtlich beschleunigt. Art und Umfang der massiven russischen Aufrüstung legen den Schluss nahe, dass diese Raketen nicht nur gegen die Ukraine, sondern gegen den Westen genutzt werden können oder sollen. Das heißt: Diese Waffen bedrohen uns direkt.

Vor dem Hintergrund dieser Bedrohungslage hat die Bundesregierung 2023 in der Nationalen Sicherheitsstrategie angekündigt, die Luftverteidigung in Europa grundlegend zu verstärken und abstandsfähige Präzisionswaffen zu entwickeln und ein-zuführen. Diese Ziele wurden von Bundeskanzler Olaf Scholz in seiner Rede bei der Münchner Sicherheitskonferenz im Februar 2024 bekräftigt. Die nun auf dem NATO-Gipfel angekündigte Stationierung weitreichender konventioneller US-Waffensysteme in Deutschland schließen übergangsweise eine Lücke, bis Europa eigene Abstandswaffen entwickelt hat. Sie dient allein dem Ziel einer stärkeren Abschreckung und Verteidigung und ist damit ein elementarer Beitrag zum Schutz des Bündnisgebietes. Sie würde aus meiner Sicht die Sicherheit des NATO-Bündnisgebietes beträchtlich erhöhen.

Schlüsselelement glaubwürdiger Abschreckung

Florian Hahn

Eine glaubwürdige Abschreckung gegenüber potenziellen Aggressoren wie Russland gelingt nur mit einer nachhaltigen und sichtbaren Stärkung der Verteidigungsfähigkeiten der NATO in Europa. Politische Geschlossenheit des Bündnisses ist hierfür der eine Pfeiler, der andere sind die militärischen Fähigkeiten in Qualität, Einsatzbereitschaft und Quantität. So sind präzise und reichweitenstarke Flugkörper einschließlich „Deep Precision Strike-Fähigkeit" Schlüsselelemente glaubwürdiger Abschreckung. Putin hat längst vergleichbare Systeme wie Iskander-Raketen im Oblast Kaliningrad stationiert, die mit ihren Reichweiten den Großteil der europäischen politischen Machtzentren abdecken. Um gegen diese Bedrohung gewappnet zu sein – sei es in der konkreten Abwehr dieser Bedrohung, als auch durch Abschreckung in Form des Besitzes eigener vergleichbarer Fähigkeiten – braucht das Bündnis in Europa als Reaktion darauf weitreichende Waffensysteme wie SM 6, Tomahawk oder Dark Eagle, die wir selbst aktuell in den Arsenalen der Bundeswehr nicht haben. Der Taurus hat eine Reichweite von etwa 500 km, Bestrebungen der Bundesregierung zur Reichweiten- und Leistungssteigerung dieses Systems sind nicht bekannt. Die CDU/CSU-Bundestagsfraktion unterstützt daher die Stationierung der amerikanischen Systeme in Deutschland ausdrücklich, denn sie beugt russischen Erpressungsversuchen vor und ist ein wichtiger Baustein für unsere Sicherheit.

Gleichzeitig wird mit der Entscheidung der US-Regierung zur temporären Stationierung deutlich, dass die USA trotz ihrer vielfältigen Herausforderungen zu dem Sicherheitsversprechen in der NATO und gegenüber Europa stehen und aufgrund unserer besonderen Lage und Stärke auch eine Erwartungshaltung an Deutschland damit verbinden. Dieser Erwartungshaltung muss die Bundesregierung jetzt gerecht werden – zum einen, indem sie in der Kommunikation gegenüber der Gesellschaft die Notwendigkeit der Stationierung überhaupt erklärt und gleichzeitig führend in die Entwicklung der militärischen Fähigkeit des Deep Precision Strike einsteigt – nicht zuletzt, um entsprechendes Know-how und industrielle Fähigkeiten in Deutschland und Europa zu halten und aufzubauen.

Mit Blick auf die Haushaltspläne der Bundesregierung habe ich jedoch erhebliche Zweifel, ob wir diesem Anspruch gerecht werden – die Ampel ruht sich auf der Stationierungsentscheidung aus und stellt nicht die dringend gebotenen politischen und militärischen Weichen, um entsprechende Fähigkeiten schnellstmöglich selbst mit unseren europäischen Partnern zu entwickeln und in die Truppe einzuführen. Zu viele Vertreter der Ampel unterschätzen nach wie vor die imperialistischen Bestrebungen Putins und haben nicht begriffen, wie wenig Zeit bleibt, um uns auf eine mögliche Aggression Russlands auf Bündnisgebiet vorzubereiten. Denn eins ist vollkommen klar: Putin nutzt jede Schwäche seines Gegenüber gnadenlos aus und in diese Lage dürfen wir nicht geraten.

Freiheit muss verteidigt werden

Alexander Müller

Freiheit muss verteidigt werden und die westlichen Demokratien müssen wehrhaft bleiben. Derzeit hat der europäische Schild eine empfindliche Lücke. Zwar sollte der INF-Vertrag die Abrüstung und Rüstungskontrolle landgestützter ballistischer Raketen und Marschflugkörper mit kürzerer Reichweite (500 bis 1.000 km) sowie mit einer mittleren Reichweite (1.000 bis 5.500 km) sicherstellen. Doch führten jahrelange russische Verstöße durch die (lange geleugnete) Entwicklung des 9M729-Marschflugkörpers (SS-C-8) schließlich dazu, dass die Vereinigten Staaten von Amerika den INF-Vertrag 2019 kündigten. Ein Schritt, den der Kreml eilig ebenfalls vollzog, um nun auch formell nicht mehr an die Bestimmungen des Vertrages gebunden zu sein.

Schon 2018 hatte Putin atomar bestückbare „Iskander-M"-Raketen (SS-26) mit 500 km Reichweite in der russischen Exklave Kaliningrad stationieren lassen, welche Warschau, Berlin oder Kopenhagen erreichen können. 2023 wiederum stationierte Russland SS-26 auch auf dem Gebiet seiner Marionette Weißrussland. Die konventionelle wie atomare Bedrohung durch Russland für Europa ist seit Jahren bittere Realität. Vor diesem Hintergrund müssen wir die nun beschlossene Stationierung von US-Mittelstreckenraketen betrachten. In diesem Schritt eine Provokation Russlands oder die Gefahr einer Eskalation zu sehen, ist absurd, da der Kreml diese schon längst vollzogen hat. Russland hat nuklearfähige Waffensysteme vor unserer Haustür stationiert, Russland führt einen brutalen Angriffskrieg in der Ukraine und es ist Russland, welches Auftragsmorde, Destabilisierungskampagnen und Cyberangriffe in Europa ausführt. So wie Russland den INF-Vertrag hintertrieb, so waren die „grünen Männchen" auf der Krim im Nachhinein doch russische Soldaten und auch der Tiergartenmörder wurde nun von Putin persönlich als Mitglied des russischen Geheimdienstes FSB anerkannt. In der russischen Politik ist das einzig Verlässliche die Lüge.

Darum kann ich verstehen, dass viele Ukrainer Verhandlungen mit dem Kreml kein Vertrauen schenken möchten. Und auch uns bleibt zur Wahrung des Friedens nur eine Option: Härte. Wir müssen die Beschaffungen im Rahmen des European Sky Shield konsequent umsetzen. Das Bündnis mit den USA müssen wir pflegen, gleich, wer im Oval Office sitzt. Die Lasten in jenem Bündnis müssen ausgewogener verteilt werden und die Europäer mehr in die eigene Sicherheit investieren. Meine Hoffnung ist, dass wir aus einer Position der Stärke heraus schließlich doch neue, verlässliche Rüstungskontrollabkommen erreichen werden. Die Stationierung bodengestützter amerikanischer Mittelstreckenwaffen in Deutschland ab 2026 ist ein wichtiger Baustein dazu.

Abschreckung und Dialog – aus der Krise ein INF 2.0 schaffen

Rüdiger Lucassen

Jeder souveräne Staat betreibt Sicherheitsvorsorge. Das beinhaltet die Abschreckung potenzieller Feinde genauso wie das Schließen eigener Fähigkeitslücken. Solange Abschreckung funktioniert, kann sie Kriege verhindern. Allerdings wissen kluge Staatenlenker um die Gefahr des Sicherheitsdilemmas: Die Stärkung der eigenen Verteidigung wird von anderen Staaten als Bedrohung empfunden. Sie erhöhen gleichermaßen ihre militärischen Fähigkeiten. Es entsteht eine Rüstungsspirale. Um das zu verhindern, muss Aufrüstung immer durch Abstimmung, Dialog und vertrauensfördernde Maßnahmen gegenüber anderen Staaten ergänzt werden. Gerade bei potenziellen Gegnern.

Der NATO-Doppelbeschluss war deshalb erfolgreich, weil er neben der Stationierung von Waffensystemen auch das Angebot reziproker Rüstungskontrollmaßnahmen beinhaltete. Der Vergleich mit der jüngsten deutsch-amerikanischen Vereinbarung geht deshalb fehl. Anstatt gleichermaßen Verhandlungsbereitschaft zu signalisieren, baut die Bundesregierung gegenüber der Russischen Föderation allein auf Konfrontation. So wird die Stationierung der US-Systeme unsere Sicherheit nicht erhöhen. Wir riskieren vielmehr ein Wettrüsten, das unseren Kontinent weiter destabilisiert.

Die deutsche Außenpolitik taumelt mental von einem Extrem ins andere. Vor dem 24. Februar 2022 wurde alles Militärische aus der Außenpolitik verbannt. Heute scheint es das Allheilmittel zu sein. Noch dazu besteht die „Zeitenwende" der Bundesregierung vor allem aus Ankündigungen. Für eine glaubhafte Abschreckung müsste sie aber die Wehrpflicht reaktivieren, die Wehrverwaltung in die Truppe integrieren und vor allem eine seriöse Finanzierung über den regulären Verteidigungshaushalt sicherstellen. Emotionale Sprunghaftigkeit und Mangel an realpolitischer Vernunft kennzeichnen die deutsche Außenpolitik seit vielen Jahren. Hier braucht Deutschland eine schonungslose Korrektur. Deutsche Außenpolitik muss in Zukunft Realpolitik im nationalen Interesse sein. Erst dann wird Deutschland von Verbündeten wie Kontrahenten ernst genommen. Erst dann kann Deutschland seiner Ordnungsfunktion in Europa nachkommen.

Fakt ist: Ein neuer Kalter Krieg und ein neues Wettrüsten liegen nicht im Interesse Deutschlands und Europas. Unser Land braucht eine neue europäische Sicherheitsarchitektur, die auch die Russische Föderation einschließt. Wir brauchen Abschreckung und Dialog, Wehrhaftigkeit ohne Leichtsinn, Realpolitik statt emotionaler Überreaktion. Kuba-Krise und NATO-Doppelbeschluss zeigen, dass aus Krisen Verhandlungserfolge erwachsen können. Wieso die Raketenstationierung also nicht für eine Initiative „INF 2.0" nutzen?

Aufrüstung ohne Dialogangebot

Dietmar Bartsch

Als im Dezember 1979 die Außen- und Verteidigungsminister der NATO in Brüssel den NATO-Doppelbeschluss fassten, taten sie das nicht ohne eine Option für Dialog und Rüstungsbegrenzung. Die jeweiligen Vertreter beschlossen in der belgischen Hauptstadt die Stationierung von hunderten Mittelstreckenraketen und Marschflugkörpern in Westeuropa, jedoch verlangten sie im gleichen Zug Verhandlungen der beiden damaligen Supermächte über die Begrenzung ihrer atomaren Mittelstreckenraketen. Die sowjetische Staatsspitze ging 1985 unter Michail Gorbatschow auf das Angebot ein und 1987 unterzeichneten Repräsentanten der USA und der Sowjetunion den Washingtoner Vertrag über nukleare Mittelstreckensysteme, den INF-Vertrag. Der „zweite Kalte Krieg" der 1980er-Jahre endete damit, dass die Waffensysteme der Typen Pershing und Gryphon aus Europa abgezogen und vernichtet wurden. Der Dialog siegte über die Aufrüstung.

Als der Bundestag im November 1983 dem NATO-Doppelbeschluss zugestimmt hatte, war dieser Entscheidung eine fast vierjährige nationale Debatte vorausgegangen. Im Oktober 1981 hatten im Bonner Hofgarten rund 300.000 Menschen gegen die Aufrüstung demonstriert – die größte Demonstration in der Geschichte der Bundesrepublik Deutschland. Den Krefelder Appell hatten über vier Millionen Bundesbürgern unterzeichnet. Das Thema bewegte die Republik.

Ganz anders im Sommer 2024: Aus heiterem Himmel verkündeten deutsche und US-amerikanische Vertreter am Rande des Washingtoner NATO-Gipfels, dass die USA Tomahawk-Marschflugkörper, Mehrzweckraketen des Typs SM-6 und neu zu entwickelnde Hyperschallraketen in Deutschland stationieren wird. Nachfragen aus dem Parlament, seit wann verhandelt wurde, wer an den Gesprächen beteiligt war und von wem die Initiative ursprünglich ausging, beantwortet die Bundesregierung mit Verweis auf die Vertraulichkeit der Verhandlungen gar nicht.

Im Gegensatz zum NATO-Doppelbeschluss gab es dieses Mal keine Debatte und der Bundestag fasste dieses Mal auch keinen Beschluss. Darüber hinaus waren die europäischen Verbündeten nicht eingebunden. Der gravie-

rendste Unterschied zu den 1980er-Jahren ist jedoch, dass die bilaterale Entscheidung der Regierungen in Berlin und Washington kein Dialogangebot
enthält. Beide Seiten haben eine so genannte Fähigkeitslücke gefunden, rüsten nun auf oder nach und die russische Regierung kann nichts unternehmen,
um durch Verhandlungen die Hochrüstung, auch die eigene rückgängig zu
machen. Das darf so nicht sein.

Die Linke im Bundestag hat beantragt, dass über das bilaterale Abkommen im Parlament debattiert wird. Die Stationierung der Mittelstreckenwaffen sollte abgebrochen und ein Dialog mit der russischen Regierung begonnen werden, wie wir zu einem INF-Nachfolgevertrag kommen können.

Verunsicherung statt Sicherheit

Żaklin Nastić

Die von der Bundesregierung akzeptierten Pläne der USA, in Deutschland Mittelstreckenraketen zu stationieren, werden die Sicherheit Deutschlands nicht erhöhen. Vielmehr ist eine Verunsicherung bis hin zu einer sich abzeichnenden Ablehnung in der Gesellschaft zu konstatieren. Das Ausbleiben einer gesellschaftspolitischen Debatte sowie die fehlende Beteiligung des Bundestages sind inakzeptabel. Die bilaterale Stationierungsmitteilung im Zuge des Washingtoner NATO-Gipfels war reine Hinterzimmer-Politik, die zu einer gefährlichen Vertiefung der ohnehin existenten Entfremdung der Bürgerinnen und Bürger von den etablierten Regierungsparteien führt. Getroffen wurde die Entscheidung über die Raketenstationierung, die Deutschland im Kriegsfall zum primären Ziel macht, in Washington. Berlin, das lediglich noch seine formale Zustimmung gab, macht sich einmal mehr zum Steigbügelhalter der USA. Die Bundesregierung muss Aufklärung und Transparenz über die Entscheidungsfindung und die konkrete Bedrohungslage, die angeblich von Russland für Deutschland ausgehe, herstellen. Sollte die Bundesregierung dazu nicht in der Lage sein, wird die ohnehin schon skandalöse Natur eines solch tiefen Eingriffs in die Sicherheitsarchitektur Deutschlands noch zusätzlich gesteigert.

Der Grundstein für die Stationierung der Mittelstreckenraketen wurde bereits 2021 mit der Aufstellung der Multi-Domain Task Force in Wiesbaden gelegt. Bis 2028 sollen vier weitere Einheiten in den USA aufgestellt werden, die es Washington ermöglichen, innerhalb kürzester Zeit weltweit Ziele anzugreifen. Über die von den USA ausgehende Gefahr wird angesichts ihrer beispiellosen Geschichte der Interventionspolitik wieder zu reden sein.

Ohne eine eigenständige Außen- und Verteidigungspolitik bleibt Deutschland geostrategischer Spielball US-amerikanischer Interessen. Nach derzeitigem Kenntnisstand ist nicht einmal ein Mitspracherecht der Bundesregierung bei der Stationierung von US-Mittelstreckenwaffen vorgesehen – geschweige denn bei deren möglichem Einsatz. Die Hyperschallrakete „Dark Eagle", die Washington ebenfalls in Deutschland stationieren will, kann Moskau problemlos erreichen. Wie schon im Kalten Krieg besteht die Gefahr einer unkontrollierbaren Rüstungsspirale. Wir brauchen eine neue Entspannungspolitik, und nach der Aufkündigung des INF-Vertrages wieder Initiativen zur gegenseitigen Rüstungskontrolle und Abrüstung. Die geplante Stationierung US-amerikanischer Mittelstreckenraketen in Deutschland soll genau das konterkarieren. Das BSW wird sich an der Seite der Friedensbewegung unmissverständlich gegen diese gefährliche Eskalationspolitik positionieren.

Autorenverzeichnis

Hans-Peter Bartels war SPD-Bundestagsabgeordneter, Vorsitzender des Verteidigungsausschusses und bis 2020 Wehrbeauftragter des Deutschen Bundestages und ist heute Präsident der Gesellschaft für Sicherheitspolitik.

Dietmar Bartsch ist Mitglied des Deutschen Bundestages, Obmann im Verteidigungsausschuss und verteidigungspolitischer Sprecher der Die Linke-Fraktion.

Florian Hahn ist Mitglied des Deutschen Bundestages, Mitglied im Verteidigungsausschuss und verteidigungspolitischer Sprecher der CDU/CSU-Fraktion.

Wolfgang Hellmich ist Mitglied des Deutschen Bundestages und verteidigungspolitischer Sprecher der SPD-Bundestagsfraktion.

Rainer Glatz ist Generalleutnant a. D. und war 2009–13 Befehlshaber des Einsatzführungskommandos der Bundeswehr, anschließend mehrere Jahre Senior Distinguished Fellow der Stiftung Wissenschaft und Politik und ist derzeit Mitglied im Beirat der Bundesregierung für Zivile Krisenprävention und Friedensförderung.

Joachim Krause war bis 2016 Professor für Internationale Politik an der Christian-Albrechts-Universität zu Kiel und bis 2022 Direktor des Instituts für Sicherheitspolitik an der Universität Kiel (ISPK).

Rüdiger Lucassen ist Mitglied des Deutschen Bundestages, Obmann im Verteidigungsausschuss und verteidigungspolitischer Sprecher der AfD-Fraktion.

Alexander Müller ist Mitglied des Deutschen Bundestages, verteidigungspolitischer Sprecher der FDP-Bundestagsfraktion und stellvertretender Vorsitzender des Unterausschusses Abrüstung, Rüstungskontrolle und Nichtverbreitung.

Żaklin Nastić ist Mitglied der Deutschen Bundestages und Obfrau des BSW im Verteidigungsausschuss.

Oscar Prust ist wissenschaftlicher Mitarbeiter am Lehrstuhl für internationale Beziehungen und europäische Politik an der Universität Halle-Wittenberg.

Wolfgang Richter ist Oberst a. D., war Leitender Militärberater in den deutschen VN- und OSZE-Vertretungen und arbeitet jetzt als Associate Fellow beim Genfer Zentrum für Sicherheitspolitik (GCSP).

Michael Staack war bis 2024 Professor für Politikwissenschaft, insbesondere Theorie und Empirie der internationalen Beziehungen an der Helmut-Schmidt-Universität der Bundeswehr in Hamburg.

Johannes Varwick ist Professor für internationale Beziehungen und europäische Politik an der Universität Halle-Wittenberg und amtierender Präses von WIFIS.